WordPress
BASE

Tutto quello che c'è da sapere per creare un sito WordPress

2025, Roy Sahupala

Nota importante

I metodi e i programmi contenuti in questo manuale sono stati dichiarati senza tener conto di alcun brevetto. Essi sono destinati esclusivamente a scopi amatoriali e di studio. Tutti i dati tecnici e i programmi contenuti in questo libro sono stati compilati dall'autore con la massima cura e riprodotti dopo un accurato controllo. Tuttavia, non si possono escludere completamente gli errori. L'editore è quindi costretto a precisare che non può assumersi alcuna garanzia né alcuna responsabilità legale o di qualsiasi tipo per le conseguenze derivanti da informazioni errate. La segnalazione di eventuali errori è sempre gradita all'autore.

Si prega di notare che i nomi di software e hardware citati in questo libro e i nomi dei marchi delle aziende coinvolte sono per lo più protetti da marchi di fabbrica, marchi registrati o dalla legge sui brevetti.

Autore: R.E. Sahupala
ISBN/EAN: 979-8-32-337084-9
Prima edizione: 19-04-2024
Edizione: 01-25 KDP
NUR-code: 994
Editore: WJAC
Sito web: www.wp-books.com/basics

Con un ringraziamento speciale a:
La mia cara moglie Iris van Hattum e nostro figlio Ebbo Sahupala.

INDICE DEI CONTENUTI

INTRODUZIONE

Siete interessati a creare un sito web professionale in modo indipendente, anche senza alcuna conoscenza tecnica, e con contenuti che necessitano di aggiornamenti regolari? In tal caso, un sistema di gestione dei contenuti (CMS) potrebbe essere la scelta migliore. Esistono diversi CMS e Word-Press è uno dei più popolari.

La decisione di scegliere WordPress dipende da vari fattori. In qualità di web designer, la principale attrattiva per me risiede nella sua interfaccia user-friendly e nella facilità di manutenzione. L'installazione di WordPress è rapida e semplice, il che lo rende un'opzione senza problemi sia per i designer che per i clienti, che possono iniziare subito a lavorare.

Quando si configura un sito WordPress, si ha accesso a numerosi temi gratuiti tra cui scegliere. In questo libro vi guiderò attraverso il processo di installazione, configurazione e gestione di WordPress. Inoltre, vi mostrerò come migliorare il sistema incorporando componenti essenziali come moduli, gallerie, funzioni multimediali, backup, misure di sicurezza e plugin per l'ottimizzazione dei motori di ricerca.

Per lavorare in modo efficiente con WordPress, può essere utile avere un server web sul proprio computer. Vi fornirò istruzioni facili da seguire su come trasformare il vostro computer in un server web. Inoltre, spiegherò il processo di trasferimento di un sito web WordPress su un server Internet.

Questo libro serve come solida base per approfondire WordPress in modo indipendente. Se siete desiderosi di approfondire, visitate il sito *wordpress.org* per ulteriori risorse e approfondimenti.

Ogni esercizio presentato in questo libro è pratico e si concentra esclusivamente sui passaggi più essenziali, omettendo qualsiasi descrizione superflua, per garantire un'applicabilità immediata.

Per ulteriori informazioni, visitate **wp-books.com/basics**. Le istruzioni sono fornite per utenti MacOS e Windows.

Per chi è questo libro?

▸ Persone interessate a creare un sito WordPress in modo indipendente.

▸ Persone che cercano l'indipendenza dagli sviluppatori.

▸ Persone che non hanno un background di programmazione.

▸ Studenti di multimedia.

▸ Redattori web.

▸ Chiunque voglia creare un proprio blog o sito web.

Suggerimento: prendetevi il tempo necessario! Leggete attentamente ogni capitolo prima di sedervi al computer.

Di cosa avete bisogno?

Per sviluppare un sito WordPress, avrete bisogno di quanto segue:

▸ Un server web o un host web

▸ L'ultima versione di WordPress

▸ Un browser internet

È possibile sviluppare un sito WordPress sul proprio computer utilizzando un **server web locale**. Questo libro fornisce istruzioni passo passo su come installare e utilizzare un server web sul vostro computer. Una volta sviluppato il vostro sito WordPress, avrete bisogno di un **host web** per pubblicarlo su Internet.

Per fornire a WordPress i contenuti necessari, utilizzerete un **browser internet** per collegarvi alla piattaforma CMS.

È consigliabile installare più di un browser, poiché alcune funzioni di Word-Press potrebbero non funzionare in modo ottimale nel vostro browser preferito. In questi casi, è possibile passare rapidamente a un altro browser.

Tutti gli esercizi di questo libro sono stati testati con Firefox, Safari, Google Chrome e Microsoft Edge. Assicuratevi di utilizzare sempre la versione più recente del vostro browser.

Scopo di questo libro

Questo libro è pensato per chi vuole sfruttare WordPress in modo pratico e veloce, anche senza competenze tecniche.

Il libro tratta sia le installazioni locali che quelle remote di WordPress. L'installazione locale offre il vantaggio di consentire la sperimentazione prima di pubblicare i risultati online.

Il libro si concentra esclusivamente sulle spiegazioni essenziali, consentendo ai lettori di acquisire una sufficiente esperienza con WordPress. Una volta acquisita familiarità, i lettori possono esplorare ulteriormente la piattaforma in modo indipendente.

Per chi è interessato ad approfondire WordPress, sono disponibili libri avanzati, come **WordPress - Avanzato**, **WordPress - Gutenberg**, **WordPress - Tema classico** e **WordPress - Tema a blocchi** (nuovo formato di tema). Inoltre, per la creazione di negozi online, è disponibile il libro **WordPress - WooCommerce**.

Per ulteriori informazioni, visitare: **wp-books.com**.

SERVER SUL COMPUTER

WordPress è una piattaforma CMS che può essere installata direttamente su Internet. A tal fine è necessario un server Internet che supporti PHP e MYSQL, un servizio offerto dalla maggior parte dei web host. Tuttavia, si consiglia di sviluppare un sito web sul proprio computer prima di lanciarlo online.

La creazione di un sito web WordPress sul proprio computer offre diversi vantaggi:

▸ Independence from domain names and web hosting.
▸ Faster production process.
▸ Backup available once the site is online.
▸ Ability to experiment with a local platform before implementing changes on a remote (internet) platform.

L'installazione di WordPress sul proprio computer richiede l'utilizzo di un linguaggio di scripting (PHP) e di un database (MySQL).

PHP, acronimo di Hypertext Preprocessor, è un linguaggio di scripting open-source, lato server, responsabile del funzionamento del sistema, che funge da motore del vostro sito web.

MySQL gestisce l'archiviazione dei dati, compresi i contenuti, le impostazioni e i vari tipi di informazioni del sito.

Se siete interessati a saperne di più su PHP e MySQL, su Internet sono disponibili numerose risorse e spiegazioni.

L'installazione di un server web sul computer può sembrare complicata al-l'inizio, ma si tratta essenzialmente di installare un programma. Una volta installato e attivato il programma, potete procedere all'installazione e alla gestione di WordPress sul vostro computer, dove avrete accesso esclusivo al vostro sito WordPress.

Esistono diversi programmi per server web, tra cui due opzioni popolari sono **LOCAL** e **MAMP**, compatibili sia con MacOS che con Windows.

LOCAL consente di installare esclusivamente siti WordPress, mentre MAMP consente l'installazione di più siti CMS, compreso WordPress.

Per iniziare, aprite un browser Internet e navigate verso **localwp.com**. LOCAL installa anche Apache, MySQL e PHP, componenti essenziali per il funzionamento di WordPress.

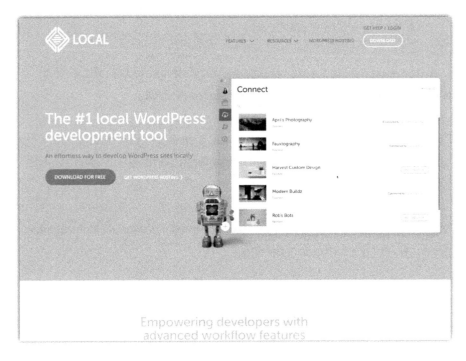

Per scaricare LOCAL, procedere come segue:

1. Accedere alla sezione **Downloads** del sito web.
2. Verrà visualizzata una finestra pop-up. Scegliete la versione per **Mac** o per **Windows** in base al vostro sistema operativo.
3. Compilate il modulo con le informazioni richieste.
4. Fare clic sul pulsante **GET IT NOW**.

I capitoli seguenti forniscono istruzioni dettagliate su come installare LOCAL e MAMP su computer MacOS e Windows.

Se avete già un server web installato sul vostro computer e avete familiarità con l'installazione di una piattaforma CMS, potete passare direttamente al capitolo *INSTALLAZIONE DI WORDPRESS SUL COMPUTER*.

In alternativa, se volete installare WordPress direttamente su Internet, passare al capitolo *INSTALLAZIONE DI WORDPRESS SU INTERNET*.

SERVER WEB PER MACOS

Prima di installare LOCAL, leggere attentamente questo capitolo.
Il software non è disponibile su App Store.

Andare in **Apps > System Settings > Privacy & Security.**

Attivare l'opzione **App Store and identified developers.**

Una volta fatto questo, si può procedere all'installazione di LOCAL.

Dopo aver scaricato LOCAL, troverete un file **.dmg** nella cartella **Downloads**.

Fare doppio clic sul file **local-9.1.0-mac.dmg** per aprirlo (il numero di versione può variare). Apparirà una finestra.

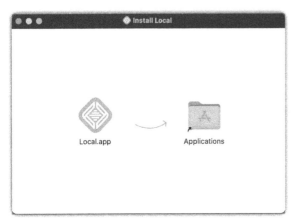

Da questa finestra, trascinate l'icona **Local.app** nella cartella **Applicazioni** (cartella App).

Congratulazioni! LOCAL è ora installato.

Avvio LOCAL

Andate in **Applicazioni > LOCAL** e avviare il programma.

Il **Finder** vi chiederà di concedere l'autorizzazione.
Fare clic su **Open** per procedere.

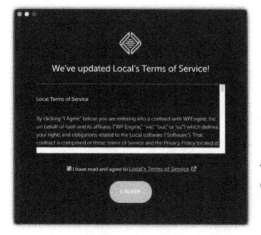

Accettare i termini e le condizioni e fare clic su **I AGREE**.

Viene visualizzata una nuova schermata

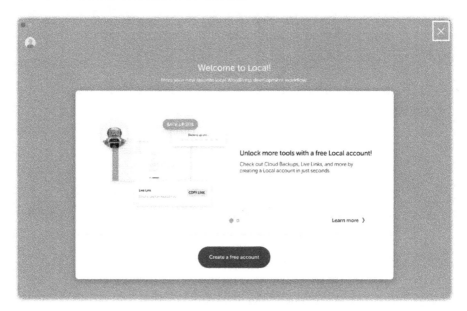

Non è necessario creare un account. È sufficiente fare clic sulla croce bianca in alto a destra per passare alla schermata successiva.

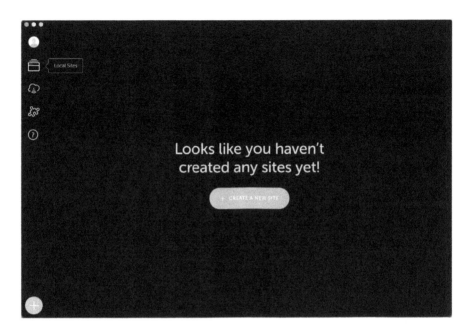

Prima di procedere con l'installazione di WordPress, chiudete il programma andando nel **Main Menu > Local > Quit**, oppure utilizzate la combinazione di tasti **Comando+Q**.

Suggerimento: d'ora in poi userete più spesso l'applicazione LOCAL, quindi è utile creare un collegamento nel Dock Apple.

Il server Web è ora installato. Nel capitolo *INSTALLAZIONE DI WORD-PRESS*, si proseguirà con il programma LOCAL. Se siete interessati a saperne di più su LOCAL, visitate il sito *www.localwp.com*.

Se l'installazione di LOCAL fallisce, si può usare MAMP come alternativa. Andate su *www.mamp.info*.

1. Scaricare **MAMP & MAMP PRO** per MacOS.
2. Fare doppio clic sul file **.pkg** nella cartella **Downloads**.
3. Seguire il processo di installazione.

Suggerimento: Dopo aver installato MAMP, sono disponibili due programmi: *MAMP* e *MAMP PRO*. La versione gratuita si trova nella cartella **Applicazioni > MAMP**.

La versione Pro richiede una licenza. Il capitolo *Installazione manuale di WordPress con MAMP* vi guiderà nell'installazione di WordPress con MAMP.

SERVER WEB PER WINDOWS

Leggete questo capitolo prima di installare LOCAL!

Una volta scaricato il software, troverete **LOCAL-9.1.0-windows** nella cartella Download (il numero di versione può variare). Fare doppio clic sul file per procedere.

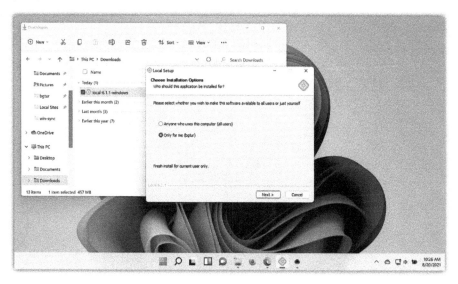

Viene visualizzata la finestra sottostante. Non importa cosa si seleziona. Fare quindi clic su **Next >**.

In questa schermata viene visualizzato il percorso di installazione. Fare clic su **Install**.

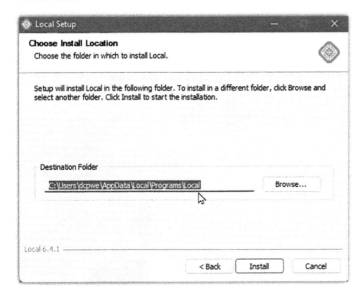

È l'ora del caffè o del tè.

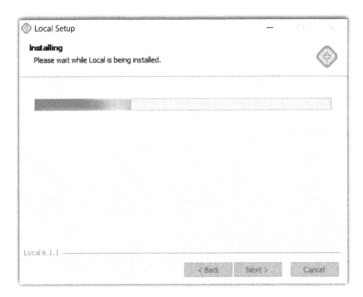

Durante l'installazione, è possibile che venga chiesto se il programma è autorizzato ad apportare modifiche al computer.

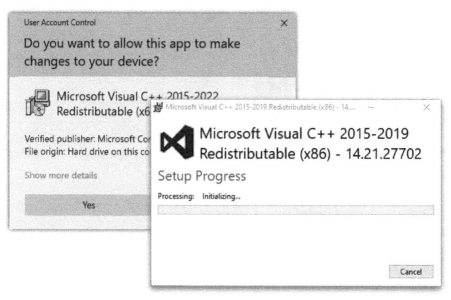

Fare clic su **Yes** se richiesto. A seconda della versione di Windows, questa procedura potrebbe ripetersi.

Fare clic su **Yes** se viene visualizzata una schermata simile.

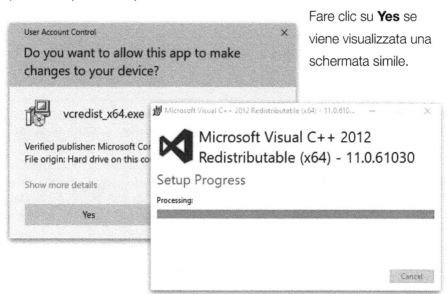

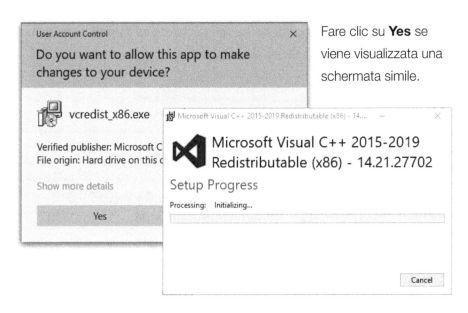

Fare clic su **Yes** se viene visualizzata una schermata simile.

Una volta completata l'installazione, verrà visualizzato un messaggio.

Congratulazioni! LOCAL è stato installato con successo.

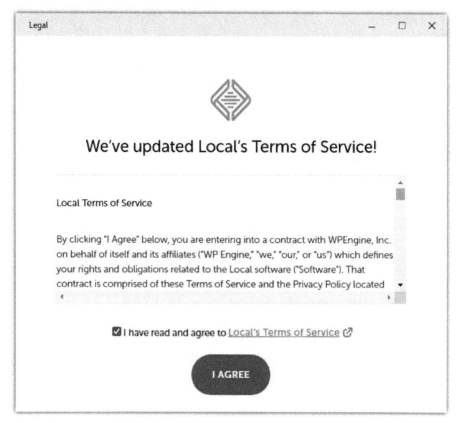

Accettare i termini e le condizioni facendo clic sul pulsante **I AGREE**.

Se viene visualizzata una schermata pop-up di **Error Reporting**, fare clic sul pulsante **No**.

LOCAL potrebbe chiedere di creare un account, ma non è necessario. È sufficiente fare clic sulla croce bianca in alto a destra per passare alla schermata successiva (non fare clic sulla croce per uscire dal programma).

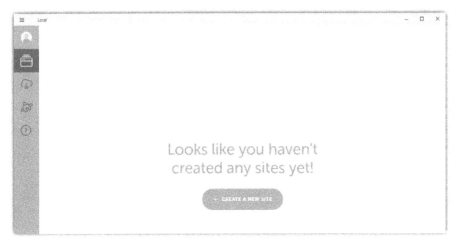

Da questa finestra, si può procedere all'installazione dei siti WordPress. Prima di farlo, chiudete LOCAL.

Potete farlo facendo clic sulla croce in alto a destra o dal menu principale: andate su **Main Menu > Local > Exit**, oppure utilizzate la combinazione di tasti **Ctrl+Q**.

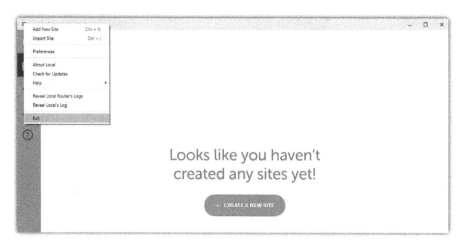

Suggerimento: Il programma LOCAL verrà utilizzato spesso, pertanto è consigliabile creare un collegamento nella barra delle applicazioni.

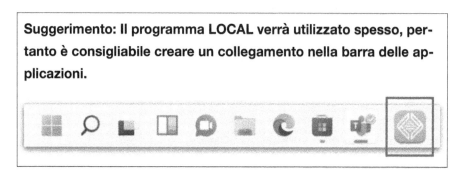

Avvio LOCAL

Avviare il programma. Andare su **Start**. e trovare LOCAL sotto **Aggiunti di recente**, nella categoria **L**, oppure utilizzare il **campo di ricerca**.

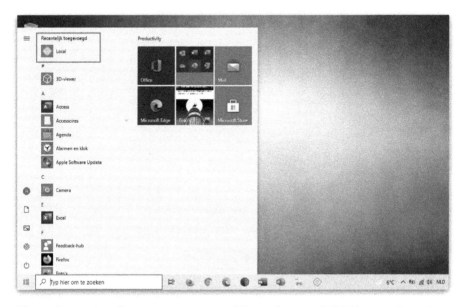

Una volta avviato il programma, apparirà una finestra LOCAL, con **Apache**, **PHP** e **MySQL** attivati in background.

Nel prossimo capitolo *INSTALLA WORDPRESS* si continuerà a lavorare con LOCAL.

Per ulteriori informazioni sulle impostazioni e sulle funzioni di LOCAL, visitate il sito *www.localwp.com*.

Se l'installazione di LOCAL fallisce, si può usare MAMP come alternativa. Andate su *www.mamp.info*.

1. Scaricare **MAMP & MAMP PRO** - Windows.
2. Fare doppio clic sul file **.exe** nella cartella Download.
3. Eseguire il processo di installazione.

Suggerimento: Dopo aver installato MAMP, sono disponibili due programmi: *MAMP* e *MAMP PRO*.

È possibile utilizzare MAMP gratuitamente. Si trova nella cartella **Applicazioni > MAMP**. La versione Pro richiede una licenza. Nel capitolo *Installare WordPress manualmente con MAMP* si spiega come installare WordPress.

INSTALLARE WORDPRESS

Secondo WordPress.org:

"WordPress è un software progettato per tutti, con un'attenzione particolare all'accessibilità, alle prestazioni, alla sicurezza e alla facilità d'uso. Crediamo che un ottimo software debba funzionare con una configurazione minima, in modo che possiate concentrarvi sulla condivisione della vostra storia, dei vostri prodotti o servizi gratuitamente. Il software WordPress di base è semplice e prevedibile, per cui è facile iniziare. Offre anche potenti funzionalità per la crescita e il successo".

WordPress è un sistema di gestione dei contenuti (CMS) open source progettato principalmente per la creazione di siti blog. Il suo funzionamento e la sua interfaccia facile da usare hanno portato a una grande popolarità: oggi WordPress alimenta il 43% di tutti i siti web su Internet, il che lo rende la scelta numero uno tra le piattaforme CMS open source. Su WordPress.org è possibile trovare un elenco di aziende e istituzioni che hanno adottato questo sistema.

I vantaggi di WordPress includono:

▸ Facile e veloce da comprendere e gestire grazie alla sua natura non tecnica.
▸ L'installazione può essere effettuata in pochi minuti.
▸ Relativamente stabile e sicuro.
▸ Sviluppo e aggiornamenti continui.
▸ Facilità di aggiornamento all'ultima versione stabile.
▸ Espansione del sistema attraverso i plugin, con oltre 60.042 plugin disponibili al momento della stesura del presente documento.
▸ Migliaia di temi (modelli) WordPress disponibili che possono essere modificati rapidamente mantenendo i contenuti.
▸ Possibilità di creare temi WordPress personalizzati o di modificare quelli esistenti con la conoscenza di HTML e CSS.
▸ Grande comunità che fornisce una vasta fonte di conoscenza e supporto.

Dal gennaio 2022 è stato rilasciato WordPress 5.9, che ha portato, tra l'altro, miglioramenti all'editor, interazioni più intuitive e maggiore accessibilità. Questa versione introduce anche il primo tema a blocchi chiamato Twenty-Two.

Mentre WordPress si concentra sulla creazione di siti blog, questo libro si concentra sulla creazione di un sito WordPress in modo rapido e pratico. Copre la creazione di un sito e l'utilizzo della funzione di blogging, con particolare attenzione ai siti web informativi e ai siti blog.

WordPress sul computer

L'installazione di WordPress sul vostro computer vi permette di lavorare in modo indipendente senza dipendere da un host web. È possibile ottenere questo risultato utilizzando programmi come **LOCAL** o **MAMP**, entrambi gratuiti.

Esistono due metodi per installare WordPress sul computer:

1. Installazione **automatica** di WordPress con LOCAL.
2. Installazione **manuale** di WordPress con MAMP.

Installazione automatica di WordPress con LOCAL

Per installare automaticamente WordPress utilizzando LOCAL, seguite questi passaggi. Queste istruzioni sono valide sia per Windows che per MacOS:

Aprire il programma **LOCAL**.

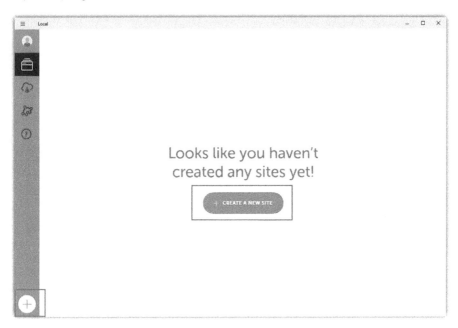

Fare clic sul pulsante **+ CREATE A NEW SITE** o sul pulsante **+** in basso a sinistra dello schermo.

Nota: durante il processo di installazione, il sistema informatico (Windows o MacOS) potrebbe chiedere l'autorizzazione ad apportare modifiche a Local. Se richiesto, concedere sempre l'autorizzazione.

Procedere con il processo di installazione e fare clic sul pulsante **CONTI-NUE**.

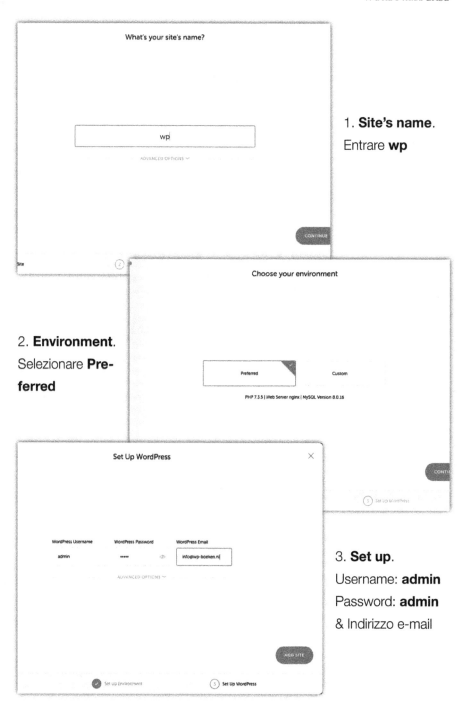

What's your site's name?

wp

ADVANCED OPTIONS ˅

CONTINUE

1. **Site's name**.
Entrare **wp**

Choose your environment

Preferred   Custom

PHP 7.3.5 | Web Server nginx | MySQL Version 8.0.16

2. **Environment**.
Selezionare **Pre-ferred**

Set Up WordPress   ✕

WordPress Username   WordPress Password   WordPress Email

admin   •••••   info@wp-boeken.nl

ADVANCED OPTIONS ˅

ADD SITE

✓ Set Up Environment   ③ Set Up WordPress

3. **Set up**.
Username: **admin**
Password: **admin**
& Indirizzo e-mail

Nota: Il nome utente e la password *admin* sono stati scelti perché si tratta di un'installazione locale. È consigliabile cambiare il nome utente e la password dopo aver esportato il sito su un host web.

Attendere il completamento dell'installazione di WordPress.

Il sistema (Windows o MacOS) potrebbe chiedere l'autorizzazione ad apportare modifiche. Fare sempre clic su **Yes** o **OK** se richiesto.

Dopo l'installazione, vedrete il sito **wp** elencato a sinistra. Facendo clic su di esso si ottiene una panoramica del sito selezionato.

In questa schermata sono disponibili opzioni quali:

STOP SITE: Consente di attivare o disattivare il sito.

Site Title con un link sotto di esso **~/Local Sites/wp >**.

Si riferisce alla cartella del sito di installazione.

La cartella **wp** si trova nella cartella utente di Windows o MacOS.

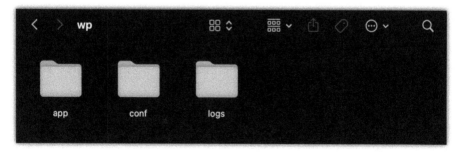

La cartella **app > public** contiene i file del nucleo di WordPress.

3 schede: **OVERVIEW**, **DATABASE**, e **TOOLS**, fornendo informazioni sul sito e accesso al database.

OPEN SITE pulsante: Permette di visualizzare il sito.

The URL of the site is *wp.local*, indicating it's installed on your computer.

LOCAL installa un sito WordPress predefinito, che si può facilmente personalizzare o convertire in un'altra lingua. Nel capitolo *IMPOSTAZIONI, CON-
TENUTI E PERSONALIZZAZIONE* imparerete a navigare nella sezione di
amministrazione di WordPress e a cambiare la lingua del sito.

Con il pulsante **ADMIN** si accede alla sezione di amministrazione.

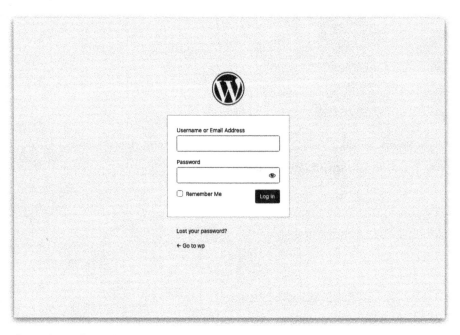

Accedere alla sezione di amministrazione facendo clic sul pulsante ADMIN.
L'URL dell'area di amministrazione è *wp.local/wp-admin*.

Potete installare i siti WordPress quante volte volete.

Dall'elenco dei siti, è possibile utilizzare il tasto destro del mouse per **Clone**, **Save as Blueprint**, **Rename** o **Delete** i siti.

Suggerimento: Creare un Blueprint dopo aver cambiato la lingua del sito.

Quando si crea un nuovo sito, selezionare **Create from a Blueprint** e scegliere il **Blueprint**. Non è necessario modificare la lingua del sito in seguito.

Per ulteriori informazioni sulle impostazioni e sulle funzioni di LOCAL, visitare il sito *www.localwp.com*.

Installazione manuale di WordPress con MAMP

Per gli utenti che utilizzano un altro server web come MAMP, vi guiderò attraverso il processo di installazione di WordPress. Mentre l'installazione di WordPress con un host web può essere automatizzata o manuale, si raccomanda agli utenti LOCAL di familiarizzare con questo metodo di installazione manuale. Ciò che è automatizzato con LOCAL deve essere eseguito manualmente in questo processo.

Avviare **MAMP** (non la versione PRO) e fare clic sul pulsante **Start**.

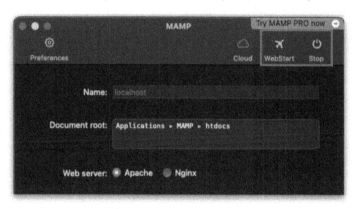

Aprite la homepage di MAMP utilizzando il pulsante WebStart.

Andare a **Tools > phpMyAdmin**.

Appare la finestra phpMyAdmin. Questa consente di creare e gestire un database. Creare un database MySQL.

1. Fare clic sulla scheda **Database**.

2. Vai a **Create new database**.

Assegnare al database un nome, ad esempio **wordpress**.

Fare clic sul pulsante **Create**.

Congratulazioni! Avete creato un database. Ora, procedete con l'installazione di WordPress.

1. Aprite un browser Internet e andate su **wordpress.org**.
   Scaricate l'ultima versione di WordPress.

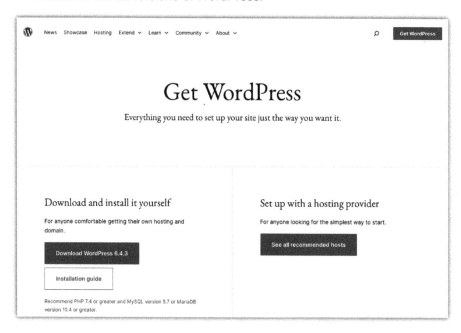

Una volta scaricato, trovare il file **.zip** nella cartella **Downloads** e de-comprimerlo.

Rinominare la cartella estratta in **wp**.

2. Posizionare la cartella **wp** nella radice del server. Per gli utenti di MAMP, questa è tipicamente la cartella **htdocs**.

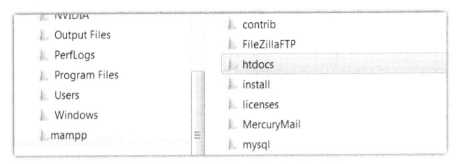

3. Aprite la pagina iniziale di MAMP con **WebStart**.
   Fare clic su **My Website > wp**.

Oppure inserite il seguente indirizzo nel vostro browser:
http://localhost:8888/wp.

4. Scegliete la lingua preferita per la dashboard di WordPress e fate clic su **Continue**.

5. WordPress vi chiederà di preparare alcune informazioni.

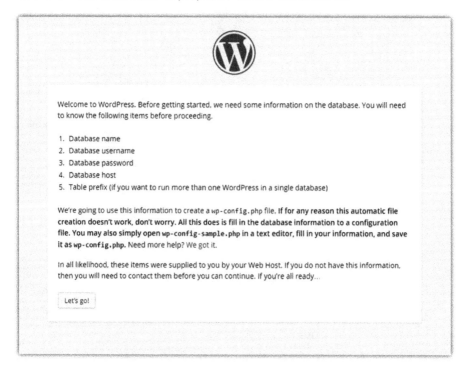

Fare clic su **Let's get started!**

6. Nei campi previsti, inserite le seguenti informazioni:

Below you should enter your database connection details. If you are not sure about these, contact your host.

Database Name	dbName	The name of the database you want to use with WordPress.
Username	UserName	Your database username.
Password	pwd	Your database password.
Database Host	dbName.mysql.db	You should be able to get this info from your web host, if localhost does not work.
Table Prefix	wp_xxxxxxxxxxxxxxx	If you want to run multiple WordPress installations in a single database, change this.

Submit

Database Name: **wordpress**

Username: **root** (per gli utenti di MAMP)

Alla Password: **root** (per gli utenti di MAMP)

Database-host: **localhost**

Tabelprefix: **123wp_** (prendere nota, termina con underscore_)

Cliccare **Submit**.

Per gli utenti di MAMP, il nome utente e la password predefiniti del database sono "root, root".

Approfondiamo il concetto di prefissi di tabella in WordPress. È possibile collegare più siti WordPress a un unico database. È qui che entra in gioco il prefisso di tabella durante l'installazione. Il prefisso assicura che ogni sito WordPress recuperi i dati corretti dal database condiviso.

Per impostazione predefinita, WordPress assegna il prefisso **wp_** alle sue tabelle. Tuttavia, questo prefisso predefinito è ampiamente riconosciuto dagli hacker. Per rafforzare la sicurezza, è prudente modificare questo prefisso predefinito durante l'installazione. Optate per un prefisso unico, come **123wp_** (ricordate di aggiungere un trattino basso dopo).

7. Viene visualizzata una nuova finestra.

All right, sparky! You've made it through this part of the installation. WordPress can now communicate with your database. If you are ready, time now to...

Run the installation

Cliccare **Run the installation**.

8. Viene visualizzata la seguente finestra.

Site title:	Titolo del sito
Username:	admin
Password:	admin (È possibile modificarlo in seguito)
Confirm password:	Confermare
Email address:	Il vostro indirizzo e-mail
Search Engine... :	Non attivare ancora

Welcome

Welcome to the famous five-minute WordPress installation process! Just fill in the information below and you'll be on your way to using the most extendable and powerful personal publishing platform in the world.

Information needed

Please provide the following information. Do not worry, you can always change these settings later.

Site Title	My Wordpress Website
Username	AdminWPUser
	Usernames can have only alphanumeric characters, spaces, underscores, hyphens, periods, and the @ symbol.
Password	YourPWDAdminUser 👁 Hide
	Strong
	Important: You will need this password to log in. Please store it in a secure location.
Your Email	your.email@adress.tld
	Double-check your email address before continuing.
Search engine visibility	☐ Discourage search engines from indexing this site
	It is up to search engines to honor this request.

Install WordPress

9. Cliccare **Install WordPress**.

10. Congratulazioni! WordPress è ora installato. Cliccare **Login**.

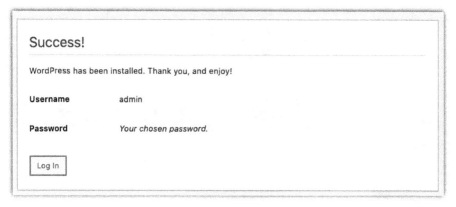

11. Utilizzare **admin** sia per il nome utente che per la password e fare clic su **Log In**.

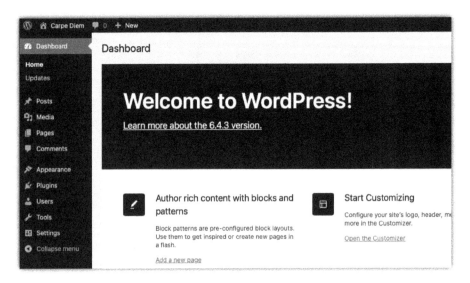

12. Nella sezione di amministrazione di WordPress è possibile configurare ulteriormente il sito. Per ulteriori istruzioni, consultare il capitolo *IMPOST-AZIONI DI WORDPRESS*.

13. Per accedere al proprio sito, andare in alto a sinistra, **Visit Site** o visitare l'URL: **http://localhost:8888/wp**.

14. Per uscire dalla sezione di amministrazione, cliccare su **Howdy, admin** in alto a destra e scegliere **Log Out**.

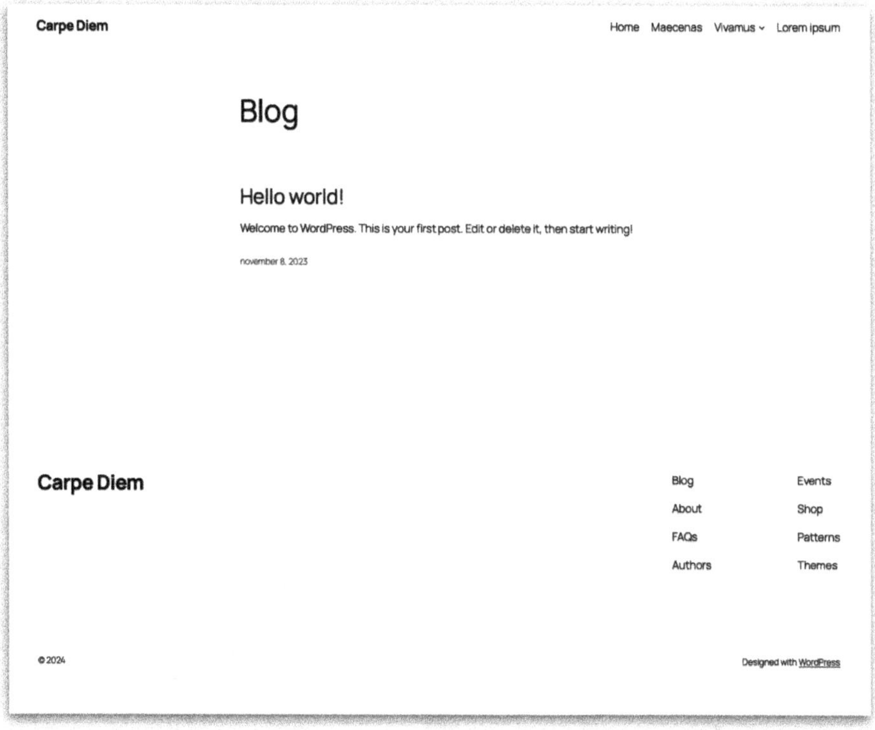

Carpe Diem   Home   Maecenas   Vivamus ⌄   Lorem ipsum

Blog

Hello world!

Welcome to WordPress. This is your first post. Edit or delete it, then start writing!

november 8, 2023

Carpe Diem

Blog	Events
About	Shop
FAQs	Patterns
Authors	Themes

© 2024   Designed with WordPress

INSTALLARE WORDPRESS SU INTERNET

L'installazione di WordPress su Internet segue lo stesso processo dell'installazione sul computer (fate riferimento al capitolo Installazione di Word-Press). Tuttavia, per un'installazione online, è necessario un **nome di dominio** e un **hosting web,** che si possono ottenere da un provider di hosting.

Prima di procedere, assicuratevi che il vostro host web supporti **PHP** (versione 7.34 o superiore) e **MySQL** (versione 8.0 o superiore). Una volta scelto un host adatto, si può iniziare il processo di installazione. Se non avete ancora scelto un dominio o un hosting, potete prendere in considerazione fornitori come *ionos.com*.

IONOS

Dopo aver sottoscritto un nome di dominio e un hosting web, riceverete le informazioni necessarie. Se non siete sicuri della creazione di un database o dell'accesso a phpMyAdmin, contattate il vostro provider di web hosting. Ecco alcune domande da porre:

▸ È possibile installare WordPress utilizzando un application installer?
▸ In caso contrario, è disponibile un database e qual è il suo nome?
▸ Qual è il nome utente del mio database?
▸ Qual è la password del database?
▸ Come si accede a phpMyAdmin?

L'impostazione di un **database** e la ricerca di **phpMyAdmin** possono ri-
sultare impegnative per le installazioni di WordPress online rispetto all'utilizzo di LOCAL o MAMP, in quanto si dipende dal proprio provider di hosting.

Sebbene la maggior parte degli hosting web fornisca un'ampia document-
azione sulla gestione dei database, rivolgersi a un help desk può accelerare
il processo.

È importante notare che l'hosting di database non implica sempre la creazione di un database.
database sia stato creato per voi. È possibile che il fornitore di hosting ne
abbia già creato uno, oppure che dobbiate crearlo voi stessi.

Nei capitoli seguenti descriverò due metodi di installazione:

Installazione di Wordpress **CON** un app installer, **Metodo 1**.
Installazione di Wordpress **SENZA** un app installer, **metodo 2**.

Inoltre, nel capitolo *MIGRAZIONE DI UN SITO LOCALE A INTERNET*,
spiegherò come trasferire un sito WordPress dal vostro computer a Internet, spostandolo da un ambiente **locale** a uno **remoto**.

Installazione di WordPress con app installer, metodo 1

Molti host web forniscono un pannello di controllo con un installatore di applicazioni, che semplifica il processo di installazione di piattaforme CMS come WordPress in pochi minuti e senza richiedere competenze tecniche.

1. Accedere al proprio account **IONOS** e navigare in **Menu > Websites & Stores**..

2. Fare clic su **Popular Open-Source solutions**.

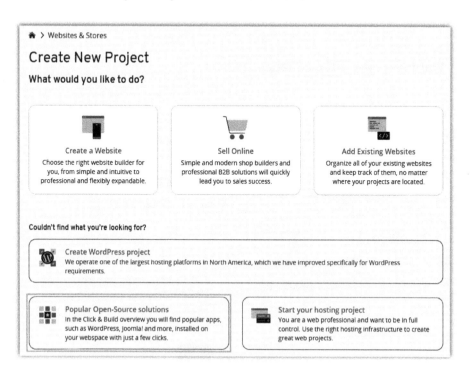

3. Nella pagina **Click & Build Overview** troverete un elenco delle applicazioni disponibili. Individuare **WordPress** e fare clic su **Install**.

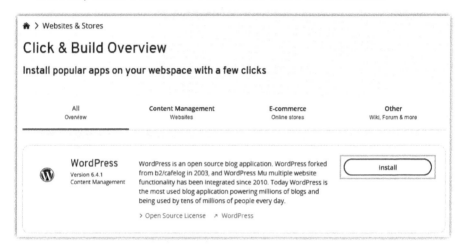

4. Scegliere **Manage WordPress yourself**.

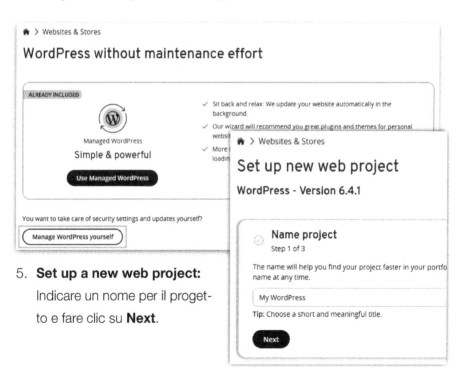

5. **Set up a new web project:** Indicare un nome per il progetto e fare clic su **Next**.

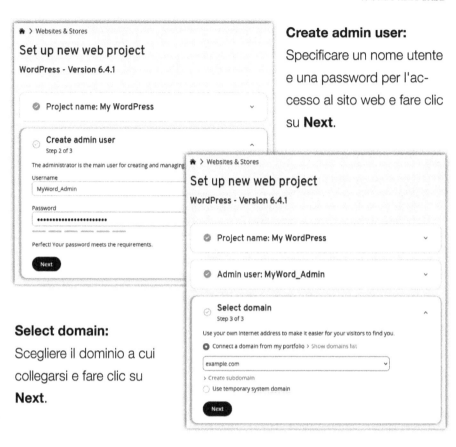

Create admin user:
Specificare un nome utente e una password per l'accesso al sito web e fare clic su **Next**.

Select domain:
Scegliere il dominio a cui collegarsi e fare clic su **Next**.

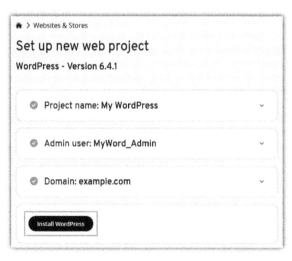

Avviare l'installazione, fare clic su **Install WordPress**.

Una volta completata l'installazione, si riceverà una notifica via email

Installazione di WordPress senza app installer, metodo 2

Il vostro host web vi ha fornito i seguenti dati (fittizi):

```
Informazioni tecniche per http://www.your_site.com

WWW:
Homepage url:          http://www.your_site.com

CONTROL PANEL
Url:                   https://www.your_site.com:8443
Username:              your_site.com
Password:              1abCdeFg

FTP:
Per trasferire il vostro sito web sul nostro server,
avrete bisogno di un programma FTP.

Host:                  ftp.your_site.com
Username:              your_username
Password:              2abCdeFg

EMAIL:
POP3 server:           pop.your_site.com
SMTP server:           http://www.your_host.com/n5
Webmail:               http://www.your_host.com

STATISTICS:
Url:                   https://www.your_host.com/st
User name:             your_site.com
Password:              3abCdeFg
```

In questo caso, dovrete creare un **database** prima di installare WordPress. Questo processo comporta in genere l'utilizzo di un **pannello di controllo**, dove è possibile gestire vari aspetti del sito, tra cui la creazione di database.

Tra i dettagli importanti forniti dall'host web vi sono le **informazioni FTP** e l'accesso al **pannello di controllo**, dove è possibile gestire attività relative al sito come la gestione degli indirizzi e-mail e la creazione di database.

Qui sotto potete vedere un pannello di controllo simile chiamato **Plesk**.

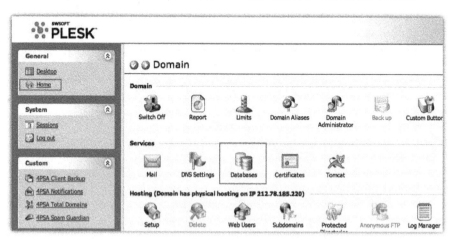

La creazione di un database può variare da host web a host web, ma il passo essenziale è che dovrete creare un database da soli dal pannello di controllo. L'obiettivo è individuare una **icona** o **opzione** di **database** all'interno dell'interfaccia del pannello di controllo. In genere, troverete un link a phpMyAdmin, uno strumento di gestione di database MySQL, che sarà attivato e visibile.

Sebbene la spiegazione seguente presupponga un ambiente Plesk, se il vostro host web non utilizza Plesk, il metodo descritto può comunque fornirvi una comprensione di ciò che dovete cercare. Il processo di creazione di un database è generalmente simile nelle diverse interfacce del pannello di controllo.

1. Aprite un browser web e visitate l'URL del vostro **pannello di controllo** (link) fornito dal vostro host web. Accedere utilizzando le credenziali dell'host web.

2. Una volta effettuato l'accesso, fare clic su **Home** o navigare nel proprio **nome di dominio**, quindi trovare e fare clic su **Databases**.

3. Nella sezione Databases, individuare e fare clic su **Add New Database**.

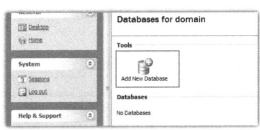

4. Nel campo **Database name**, specificare il nome desiderato per il database. Assicurarsi che il tipo sia impostato su **MySQL**. Quindi, fare clic su **OK**.

5. Quindi, creare un utente del database facendo clic su **Add New Database User**.

6. Nel campo **Database user name**, inserire un nome utente per l'utente del database. Quindi, nei campi **New Password** e **Confirm Password**, inserire una password per l'utente. Fare clic su **OK** per salvare i dettagli dell'utente.

7. Il database è stato creato. Fare clic su **DB WebAdmin** per accedere all'interfaccia online di phpMyAdmin in una nuova finestra.

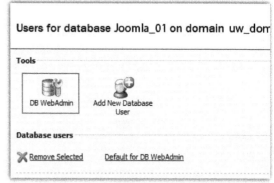

8. Una volta acceduto a phpMyAdmin, si può uscire dal pannello di controllo.

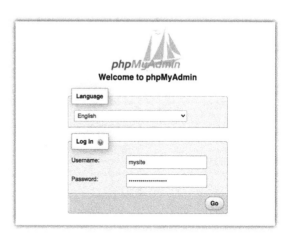

Una volta creato il database, si può procedere all'installazione di WordPress. Accedete al dominio del vostro sito web e seguite tutti i passaggi di installazione previsti dall'installazione guidata di WordPress.

Ecco i dettagli essenziali di cui avrete bisogno:

- Informazioni su FTP.
- Informazioni su MySQL.
- Indirizzo URL di phpMyAdmin.

Scaricare l'ultima versione di WordPress. **Caricate** il contenuto estratto della cartella WordPress direttamente nella directory principale del vostro spazio server. Per questa operazione utilizzate un programma FTP.

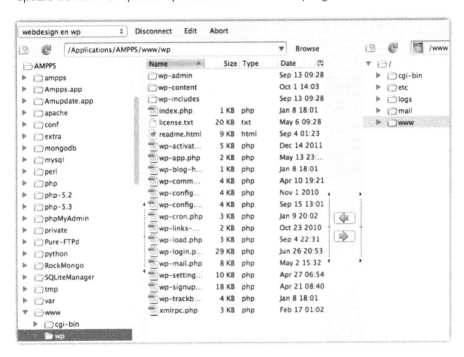

Una volta caricato il contenuto di WordPress sul vostro host web, potete avviare l'installazione del sito.

1. Aprire un browser web e collegarsi al sito:
   http://www.your_site.com/wp-admin.

2. Scegliete la lingua preferita per la dashboard di WordPress, quindi fate clic su **Continue**.

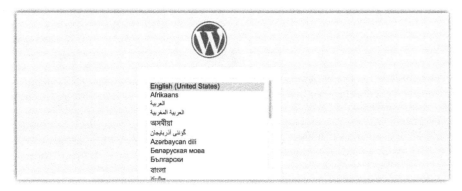

WordPress vi chiederà di avere a disposizione alcune informazioni per procedere con l'installazione. Queste informazioni saranno richieste nelle fasi successive.

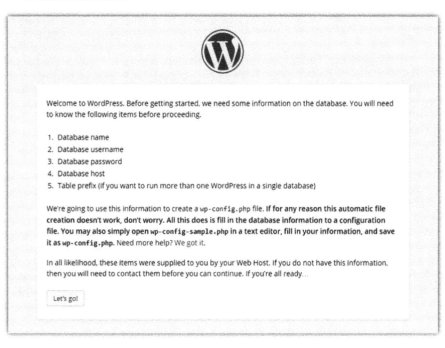

Fare clic su **Let's go!**

3. Verrà visualizzata la finestra seguente. Assicuratevi di utilizzare i dati del vostro host web:

Below you should enter your database connection details. If you are not sure about these, contact your host.

Database Name	dbName	The name of the database you want to use with WordPress.
Username	UserName	Your database username.
Password	pwd	Your database password.
Database Host	dbName.mysql.db	You should be able to get this info from your web host, if localhost does not work.
Table Prefix	wp_xxxxxxxxxxxxxx	If you want to run multiple WordPress installations in a single database, change this.

Submit

Database name:	Nome_database (dati dell'host web)
Username:	Username_database (dati dell'host web)
Password:	Password_database (dati dell'host web)
Host name:	Localhost
Tableprefix:	Ad es. 123wp_ (nota con il trattino basso_)

Fare clic su **Submit**.

Per impostazione predefinita, WordPress assegna il prefisso **wp_** alle sue tabelle. Tuttavia, questo prefisso predefinito è ampiamente riconosciuto dagli hacker. Per rafforzare la sicurezza, è prudente modificare questo prefisso predefinito durante l'installazione. Optate per un prefisso unico, come **123wp_** (ricordate di aggiungere un trattino basso dopo).

4. Viene visualizzata una nuova finestra. Fare clic su **Run the installation**.

All right, sparky! You've made it through this part of the installation. WordPress can now communicate with your database. If you are ready, time now to...

Run the installation

5. Verrà visualizzata una nuova finestra. Compilare le informazioni richieste:

Site title: Titolo del sito

Username: Admin

Password: Admin (si può modificare in seguito)

Email address: Il vostro indirizzo e-mail

Search engine... : Non attivare ancora

6. Quindi, fare clic su **Install WordPress**.

7. Congratulazioni! WordPress è ora installato.
   Fate clic su **Log In** per configurare e impostare il vostro sito.

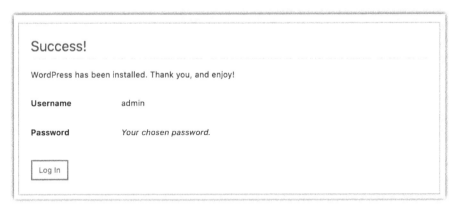

8. Per visitare il vostro sito, andate in alto a sinistra e cliccate su **Visit Site**.

9. Per uscire, fare clic su **Howdy, admin** nell'angolo in alto a destra e
   scegliere **Log Out**.

Per accedere a phpMyAdmin, utilizzate i seguenti dati forniti dal vostro host web:

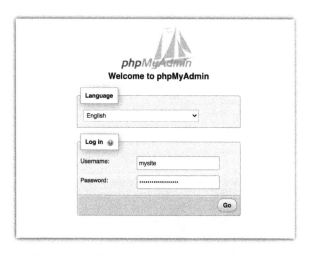

phpMyAdmin URL: http://phpMyAdmin.your_site.com

Username: your_phpMyAdmin_username

Password: your_ phpMyAdmin_password

IMPOSTAZIONI, CONTENUTI E PERSONALIZZAZIONE

L'aggiunta di contenuti e la personalizzazione di un sito WordPress vi forniranno una chiara comprensione di come interagire con questo sistema. In questo capitolo vengono trattati i seguenti componenti:

› Visualizzazione del sito.
› **Aggiornamento** di un sito WordPress.
› Installazione del tema **Twenty Twenty-One**.
› Personalizzazione del **titolo** e della **descrizione** del sito.
› Personalizzazione della **lingua del sito**.
› Creare contenuti per il sito: **Articoli** e **Pagine**.
› Creazione di una nuova **homepage**.
› Creare un **menu**.
› Utilizzo della **libreria media**.
› Aggiunta di **immagini**.
› Personalizzazione e creazione di una **categoria**.
› Aggiunta di **widget** al sito.
› Personalizzazione delle informazioni a **footer**.
› **Aggiunta** di utenti.

Nota bene: questo libro utilizza **WordPress 6.5** e il tema **Twenty Twenty-One**.

Dopo un'installazione di WordPress, viene visualizzato il tema predefinito **Twenty Twenty-Four**. Con questo, WordPress intende introdurre una nuova funzionalità chiamata **Full Site Editing**, che consente agli utenti di modificare visivamente un **tema a blocchi**.

In WordPress, avete la possibilità di utilizzare **temi classici** e **temi a blocchi**.

Poiché attualmente sono disponibili più temi Classic (oltre 22.000) che temi Block (oltre 500), questo libro utilizza il tema Twenty Twenty-One Classic per fornire una comprensione completa della piattaforma.

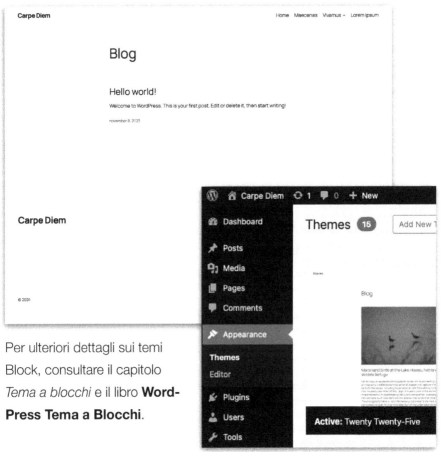

Per ulteriori dettagli sui temi Block, consultare il capitolo *Tema a blocchi* e il libro **WordPress Tema a Blocchi**.

Nel capitolo *Installare il tema Twenty Twenty-One*, si apprende come sostituire il tema a blocchi.

Frontend di WordPress

Per visualizzare il frontend del vostro sito WordPress, aprite un browser web e navigate all'URL del vostro sito. Se WordPress è installato localmente sul vostro computer, potete avviare il server **LOCAL** o **MAMP** e accedere al sito.

Se si utilizza **LOCAL**, fare clic su **OPEN SITE** per il sito web denominato **wp**.

Per **MAMP**, andare alla homepage e fare clic su **My Website > wp**.

In questa schermata vengono visualizzate tutte le cartelle contenute nella directory principale di **MAMP**. Individuate e fate clic sulla cartella **wp/** per accedere al vostro sito WordPress, che si aprirà nel vostro browser.

Una volta entrati nel sito, si vedrà inizialmente il tema predefinito **Twenty Twenty-Four**. Dopo aver attivato il tema **Twenty Twenty-One**, si noteranno i seguenti elementi seguenti elementi:

CARPE DIEM

Hello world!

Welcome to WordPress. This is your first post. Edit or delete it, then start writing!

Published February 16, 2024 Edit
Categorized as Uncategorized

Search

[Search]

Recent Posts

Hello world!

Recent Comments

A WordPress Commenter on Hello world!

Archives

February 2024

Categories

Uncategorized

CARPE DIEM

Proudly powered by WordPress.

▸ Titolo e descrizione del sito (in alto).
▸ Navigazione (in alto a destra, se attivata).
▸ Articolo predefinito del blog intitolato "Hello World!".
▸ Widget come la casella di ricerca e i articolo più recenti.
▸ Sezione footer in basso.

La presenza dei widget sul sito può variare a seconda delle impostazioni del vostro host web. I widget sono elementi del sito personalizzabili, come la casella di ricerca o gli archivi, che possono essere aggiunti o rimossi a seconda delle necessità.

Il tema Twenty Twenty-One è stato progettato per essere reattivo, ovvero si adatta perfettamente alle diverse dimensioni dello schermo, rendendolo adatto alla visualizzazione su computer, tablet e smartphone.

Questa caratteristica di responsive design assicura un'esperienza utente coerente su vari dispositivi.

Sebbene WordPress sia spesso associato al blogging, è anche in grado di creare e gestire pagine informative, un caso d'uso comune per molti siti web. In qualità di web designer, sarete spesso incaricati di creare siti WordPress informativi, mentre le funzioni di blogging sono secondarie.

Nel prossimo capitolo, imparerete a personalizzare, migliorare o disattivare componenti specifici di WordPress. Inoltre, scoprirete come creare articoli, pagine e menu per personalizzare ulteriormente il vostro sito.

Backend di WordPress

In questo capitolo esploreremo il backend di WordPress. Per accedervi, aprite un browser internet e utilizzate uno dei seguenti indirizzi:

Per l'installazione LOCAL: http://wp.local/wp-login.php
Per l'installazione MAMP: http://localhost:8888/wp/wp-login.php
Per l'installazione online: http://www.your_website.com/wp-login.php

Utilizzando **wp-login.php** si verrà sempre reindirizzati alla pagina di login del backend. Ricordare questo link nel caso in cui non si disponga di un link di accesso diretto.

Una volta effettuato l'accesso, si presenta la seguente schermata:

Utilizzare le credenziali di accesso:
- Username = e.g. **admin**
- Password = e.g. **admin**
- Fare clic su **login**

Benvenuti in WordPress!

Siete entrati nel backend del sistema, dove troverete una pagina iniziale che mostra le informazioni generali. Questa pagina si chiama **Bacheca**. Qui sarete informati sugli ultimi sviluppi relativi al vostro sito.

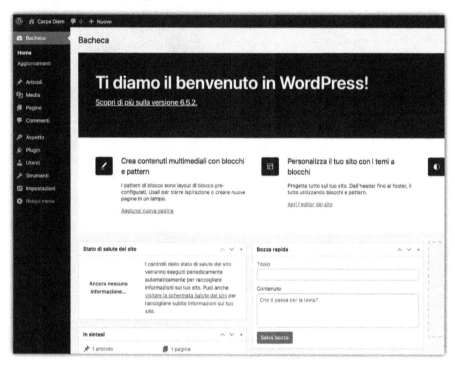

Nella colonna di sinistra si trovano varie opzioni che consentono di personalizzare il sistema e di aggiungere contenuti essenziali al sito.

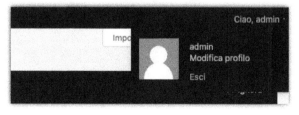

Per uscire, andare nell'angolo in alto a destra. Fare clic su **Ciao, admin** e selezionare **Esci**.

Bacheca

Il menu di WordPress è denominato **Bacheca**. È suddiviso in tre sezioni principali:

Blocco 1:
Home e **Aggiornamenti**.

Blocco 2:
Opzioni per aggiungere contenuti al sistema, tra cui: **Articoli**, **Media**, **Pagine** e **Commenti**.

Blocco 3:
Opzioni per personalizzare o configurare il sistema, come ad esempio:
Aspetto, **Plugin**, **Utenti**, **Strumenti** e **Impostazioni**.

Aggiornamenti di WordPress

Dopo aver installato WordPress, è importante
mantenere il sistema aggiornato per migliorarne la sicurezza e la stabilità. Questo include
l'aggiornamento non solo del **nucleo di
WordPress**, ma anche dei **plugin** e dei **temi**.

Nella Bacheca, si noterà un numero accanto
alla parola **Aggiornamenti**, che indica gli aggiornamenti disponibili. Analogamente, il numero accanto a **Plugin** indica il numero di
aggiornamenti disponibili per i plugin.

Per verificare la presenza di aggiornamenti,
fare clic su **Aggiornamenti**. Si accede a una
schermata in cui è possibile esaminare gli aggiornamenti disponibili.

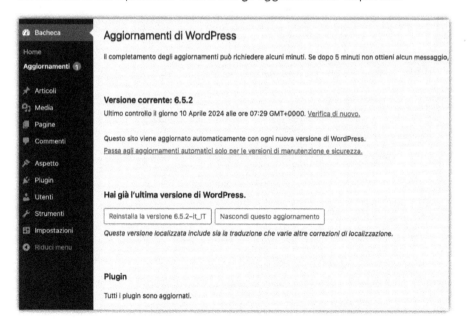

73

Se è disponibile una nuova versione di WordPress, fate clic sul pulsante
Aggiorna WordPress. Nota: a partire dalla versione 3.7, WordPress può
aggiornarsi automaticamente.

Se sono disponibili aggiornamenti per i plugin o i temi, è possibile selezionare quelli specifici che si desidera aggiornare e quindi fare clic sul rispetti-
vo pulsante **Aggiorna plugin** o **Aggiorna temi**.

L'applicazione regolare degli aggiornamenti è fondamentale perché aiuta a
proteggere il sistema dalle vulnerabilità di sicurezza, a risolvere eventuali
problemi esistenti e ad accedere a nuove funzionalità e miglioramenti.

Installazione del tema Twenty Twenty-One

Andare a **Bacheca > Aspetto > Temi**.

Fate clic sul pulsante **Aggiungi un nuovo tema**.

Nel campo di ricerca, digitate **Twenty Twenty one**.

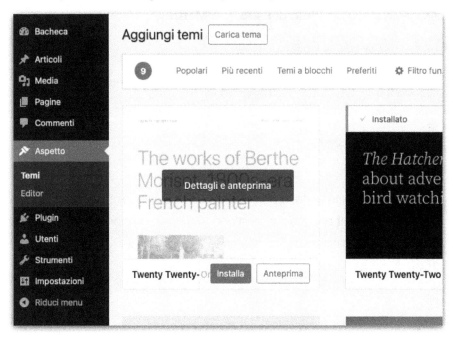

Una volta visualizzato il tema nei risultati della ricerca, fare clic sul pulsante **Installa**. Al termine dell'installazione, fare clic sul pulsante **Attiva**.

Ora avete installato e attivato con successo il tema classico di *Twenty Twenty-One*.

Se volete saperne di più su come lavorare con un tema a blocchi, consultate il capitolo *Tema a blocchi*.

Titolo e Motto del sito

Andare a: **Bacheca > Impostazioni > Generali**.

Nella schermata Impostazioni generali, è possibile assegnare al sito un **Titolo del sito** e un **Motto**.

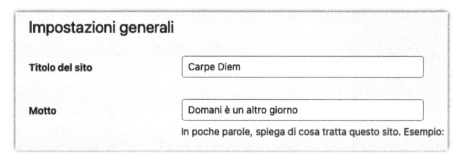

Più avanti nella schermata, è possibile modificare altre informazioni, tra cui un indirizzo **e-mail** per scopi di gestione. Dopo aver apportato le modifiche desiderate, fare clic sul pulsante **Salva le modifiche** per salvare le impostazioni.

Lingua del sito

Per cambiare la lingua del sito:

Accedere a **Bacheca > Impostazioni > Generali** - **Lingua del sito**.

Selezionare la lingua preferita, quindi fare clic sul pulsante **Salva le modifiche**.

Permalink

I permalink in WordPress determinano la struttura degli URL del sito web, che vengono visualizzati nella barra degli indirizzi del browser. Per impostazione predefinita, WordPress utilizza l'impostazione permalink **Semplice**.

Per controllare o modificare le impostazioni dei permalink:
Andare a **Bacheca > Impostazioni > Permalinks**.

Per impostazione predefinita, la struttura **Semplice** Permalink potrebbe essere attivata, dando luogo a URL per nuove pagine o articolo con aggiunte come **/?p=123** nell'indirizzo.

È consigliabile includere il nome dell'articolo nell'URL per garantire la chiarezza sia per gli utenti che per i motori di ricerca. Per includere il titolo del articolo o della pagina nell'URL, selezionare **Nome Articolo** come impostazione Permalink. Ricordarsi di **salvare** le modifiche dopo aver selezionato la struttura permalink desiderata.

Nome pubblico

Dopo l'installazione di un sito WordPress, il nome utente viene utilizzato anche come nickname, che viene visualizzato pubblicamente sul sito. Questo può essere visibile sia nella bacheca dei messaggi che negli articoli pubblicati, rivelando metà delle informazioni di accesso.

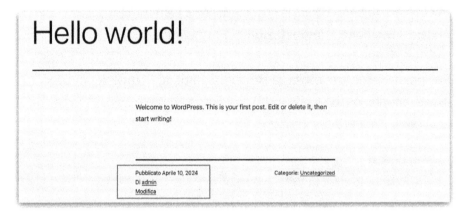

Fortunatamente, è possibile modificarlo facilmente.

Andate in **Bacheca > Utenti - admin**.

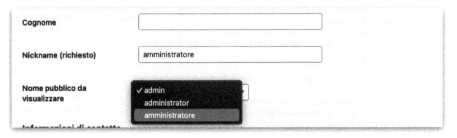

Sostituire il **Nickname** *admin* con il nome visualizzato preferito.

In **Nome pubblico da visualizzare** selezionare - il nome preferito.

Il **nome utente** rimane invariato.

Fare clic sul pulsante **Aggiorna profilo** per salvare le modifiche.

Visualizza il sito

Per visualizzare il vostro sito, accedete alla barra dei menu in alto a sinistra dello schermo:

Titolo del sito (Carpe Diem) > Visita il sito.

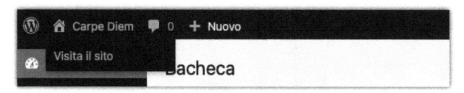

Per tornare alla **Bacheca**, ancora una volta, utilizzate la barra dei menu in alto a sinistra dello schermo: **Titolo del sito (Carpe diem) > Bacheca**.

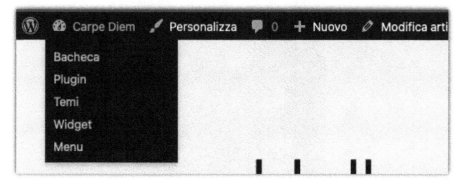

ARTICOLO E PAGINE

In WordPress è possibile creare sia **articoli** che **pagine**, ciascuno con scopi diversi. Ecco la differenza.

Gli **articoli** sono storie di cronaca. I visitatori possono interagire lasciando commenti. Vengono visualizzati in ordine cronologico, con l'ultimo articolo in cima. Possono essere suddivisi in categorie per organizzare i contenuti in modo efficace.

Per impostazione predefinita, la homepage di un sito WordPress visualizza una serie di articoli del blog. Gli articoli possono essere archiviati per mese o per categoria, rendendo più facile per i visitatori trovare contenuti.

Le **pagine** contengono informazioni statiche, come le pagine Chi siamo, Contatti o Servizi. A differenza degli articoli, non vengono archiviate cronologicamente e di solito non hanno sezioni per i commenti. I visitatori possono interagire con le pagine attraverso i campi per i commenti, se abilitati. Le pagine sono solitamente accessibili tramite un link o un menu.

CARPE DIEM

Sample Page

This is an example page. It's different from a blog post because it will stay in one place and will show up in your site navigation (in most themes). Most people start with an About page that introduces them to potential site visitors. It might say something like this:

" Hi there! I'm a bike messenger by day, aspiring actor by night, and this is my website. I live in Los Angeles, have a great dog

Aggiungi articoli

1. Andare in **Bacheca > Articoli > Aggiungi nuovo articolo**.

2. Inserire un **titolo** e un **testo** nell'articolo. Utilizzare il menu delle opzioni (tre punti) per gestire i blocchi, ad esempio per eliminarli.

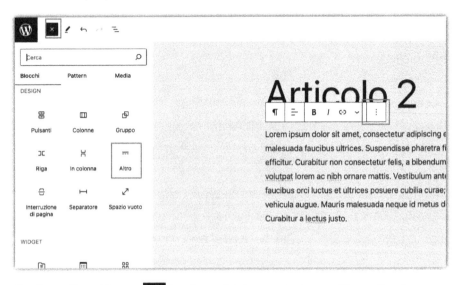

3. Fare clic sull'icona ➕ in alto a sinistra e selezionare **Progettazione > Altro**. Viene visualizzato il blocco **LEGGI TUTTO**.

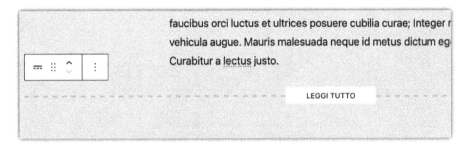

4. Utilizzare il menu delle opzioni, selezionare **Opzioni > Aggiungi dopo** o l'icona ➕ per aggiungere un blocco **Paragrafo**.

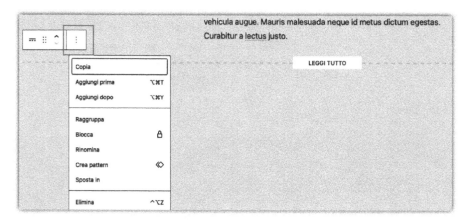

5. Quindi fare clic sul pulsante **Pubblica**.

6. Cliccate sull'icona di WordPress (**W** in alto a sinistra) e visitate il sito. Come si può vedere, l'ultimo articolo è in cima alla homepage.

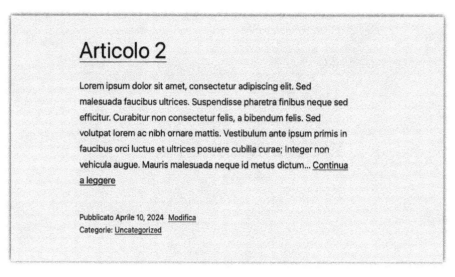

In questo caso, l'ultimo articolo mostra il primo paragrafo.

Fare clic su **Continua a leggere**.

Ora vedrete il articolo completo con un modulo per i commenti in basso.

Prima di **pubblicare** un articolo, ci sono altre opzioni che potete utilizzare.

Utilizzando la scheda **Articolo** (in alto a destra) vengono visualizzate varie opzioni. Se si seleziona un paragrafo, le **opzioni del blocco** diventano visibili. La pagina successiva mostra una panoramica di tutte le impostazioni dell'articolo.

Imposta immagine in evidenza

Include un'immagine che rappresenta il contenuto dell'articolo.

Aggiungi un riassunto...

Fornisce un breve riassunto del contenuto dell'articolo.

Stato

Selezionare lo stato e la visibilità del post. *In evidenza*, visualizza il post nella parte superiore del blog.

Pubblica

Impostare la data di pubblicazione.

Link

Regolare il Permalink.

Autore

Selezionare l'autore del post

Discussione

Abilita o disabilita i commenti e i trackback per l'articolo.

Formato

Scegliere come visualizzare l'articolo, a seconda del tema.

Sposta nel cestino

Sposta il post nel cestino.

Categorie

Organizzate gli articoli in categorie per facilitare la navigazione.

Tag

Aggiungete parole chiave per aiutare gli utenti e i motori di ricerca a trovare l'articolo.

Per opzioni più avanzate e per disabilitare il modulo di risposta per tutti i nuovi articoli, vedere il capitolo *Disattivare Permetti di commentare*.

EDITOR DI BLOCCO

La versione 5.0 di WordPress, introdotta nel novembre 2018, presenta un nuovo editor di contenuti chiamato Gutenberg. Come dimostrato nel capitolo *Aggiungi articolo*, è possibile inserire direttamente un titolo e un testo in un articolo utilizzando questo editor.

Per modificare un blocco all'interno di Gutenberg, si seleziona innanzitutto il blocco che si desidera modificare, ad esempio un paragrafo. Questa azione attiva la scheda **Blocco** nella colonna di destra. Qui è possibile regolare le proprietà del blocco utilizzando le **Opzioni blocco** disponibili, che variano a seconda del tipo di blocco.

Inoltre, è possibile eseguire varie azioni su un blocco, come la sua cancellazione, facendo clic sul menu **Opzioni** rappresentato da **tre punti**. È inoltre possibile regolare l'ordine dei blocchi utilizzando le **icone freccia**.

Facendo clic sull'icona ■ è possibile aggiungere **Blocchi**, **Patterns** e **Media**.

Gli elementi del blocco sono vari componenti, come **testo**, **immagini**, **approfondimenti**, **pulsanti**, **video**, **lettori musicali**, **widget**, **tabelle** e altro ancora. Questi elementi sono suddivisi in Testo, Media, Design, Widget, Tema e Inclusioni. È possibile esplorare altri elementi di blocco scorrendo la finestra dei blocchi o utilizzando i plugin per aggiungere altre opzioni.

I **Patterns** offrono un modo rapido per formattare una pagina combinando diversi elementi di blocco in layout predefiniti.

L'opzione **Media** consente di aggiungere media da **Openverse** (per ulteriori informazioni, visitare il sito *openverse.org*).

Block-based editing offre agli utenti una maggiore flessibilità nella formattazione della pagina rispetto all'editor classico. Il capitolo *Posizionamento delle immagini* spiega come allineare le immagini al testo utilizzando la Block-based editing.

Aggiungi pagine

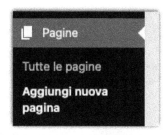

1. Andare a **Bacheca > Pagine > Aggiungi nuova pagina**.
2. Indicare un **titolo** e aggiungere un **testo** alla pagina.

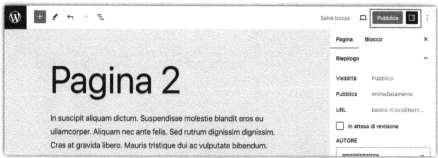

3. Una volta terminato, fare clic due volte sul pulsante **Pubblica**. Dopo la pubblicazione, è possibile visualizzare la pagina facendo clic sul pulsante **Visualizza pagina**.

Se è necessario apportare ulteriori modifiche, è possibile fare clic sul pulsante **Modifica pagina** per tornare indietro.

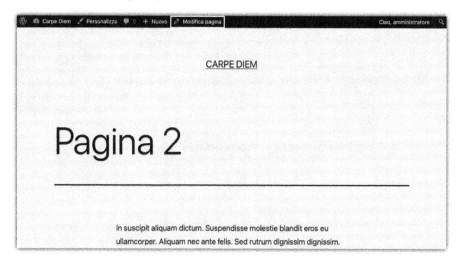

Fare clic sulla scheda **Pagina**. Come per gli Articoli, troverete opzioni specifiche per la pagina che potrete applicare.

Imposta immagine in evidenza, includere un'immagine che rappresenti la pagina.

Stato, qui è possibile impostare le opzioni di pubblicazione.

Pubblica, impostare la data di pubblicazione.

Link, il titolo viene automaticamente incluso nell'ultima parte dell'URL.

Autore, selezionare l'autore.

Discussione, in questa sezione è possibile configurare le impostazioni per i commenti.

Genitore, specifica sotto quale voce di menu deve essere collocata la pagina.

Sposta nel cestino, Sposta la pagina nel cestino.

Creare un link

Aprire la pagina o l'articolo in cui si desidera creare il collegamento. Selezionare il testo che si desidera trasformare in un link. Fare clic sull'icona **Link** nella barra degli strumenti superiore. Nel campo link, inserire l'URL e fare clic su **Invio**.

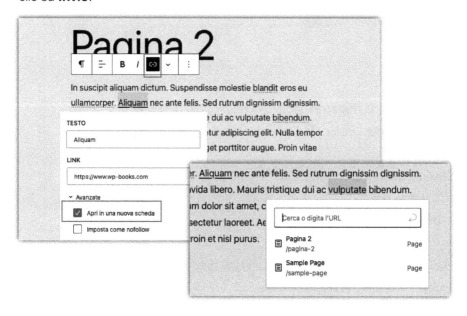

In alternativa, se si desidera linkare una pagina o un articolo interno, iniziare a digitare il titolo della pagina o dell'articolo e WordPress visualizzerà un elenco di documenti corrispondenti. Selezionate la pagina o l'articolo desiderato dall'elenco.

Se volete che il link si apra in una nuova scheda, assicuratevi che l'opzione **Apri in una nuova scheda** sia attivata. È possibile modificare il link selezionandolo e attivando l'opzione.

Infine, salvare o aggiornare la pagina o l'articolo per applicare le modifiche.

Assegnazione

Per avere un'idea di come funziona un sito WordPress, è utile creare prima alcune **Pagine** e **Articoli**.

Iniziate creando diverse pagine con i titoli:
- Benvenuto (homepage).
- Chi.
- Cosa.
- Dove.
- Contatti (da dotare in seguito di un modulo di contatto).
- Notizie (per funzionare come pagina di riepilogo dei post).

Inoltre, creare Articoli con titoli:
- Ultime notizie.
- Meteo.

Nel prossimo capitolo *Personalizzazione della pagina iniziale*, mostrerò come modificare la pagina iniziale.

Allo stesso modo, nel capitolo *Personalizzazione della pagina Articoli*, mostrerò come visualizzare gli articoli all'interno di una pagina designata intitolata Notizie.

Infine, nel capitolo *Menu*, vi guiderò nella navigazione del sito utilizzando un menu.

Personalizzazione della homepage

Dopo un'installazione predefinita di Word-Press, la homepage mostra una panoramica degli ultimi articoli.

Se si preferisce iniziare con una pagina specifica piuttosto che con gli articoli, è possibile personalizzarla andando su: **Bacheca > Impostazioni > Lettura**.

In Visualizza la tua homepage, scegliere **Una pagina statica** invece di L'ultimo articolo.

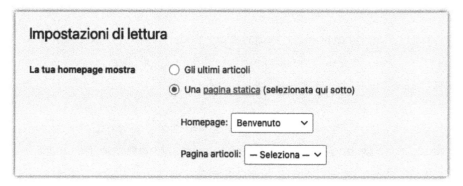

Ad esempio, selezionare una pagina statica.

Scegliere **Benvenuto** come pagina iniziale.

Fare clic su **Salva le modifiche** e quindi visualizzare il sito per vedere gli aggiornamenti.

Personalizzazione della pagina degli articoli

Se si desidera utilizzare gli ultimi articoli, ma non come homepage, è possibile configurare l'opzione **Pagina articoli**.

Impostazioni di lettura

La tua homepage mostra	○ Gli ultimi articoli
	● Una <u>pagina statica</u> (selezionata qui sotto)
	Homepage: [Benvenuto ⌄]
	Pagina articoli: [Notizie ⌄]
Le pagine del blog visualizzano al massimo	[10 ⌄] articoli

Alla voce **Pagina articoli**, selezionare una pagina esistente (ad esempio, Notizie). Quando si accede alla pagina Notizie, tutti gli ultimi articolo vengono visualizzati in sequenza.

È possibile specificare il numero di articoli visualizzati nella pagina utilizzando l'opzione **Le pagine del blog visualizzano al massimo**. Gli articoli aggiuntivi vengono archiviati e gli utenti possono accedervi tramite un widget Archivio.

Dopo aver effettuato le selezioni, fare clic su **Salva le modifiche** e quindi visualizzare il sito per vedere gli aggiornamenti.

Prima di implementare questa procedura, è consigliabile creare una pagina con un titolo appropriato, ad esempio Notizie o Blog. Questa pagina non richiede alcun testo. Inoltre, assicurarsi che la pagina Notizie sia inclusa nella struttura del menu, come spiegato nel capitolo *Menu*.

Metti questo articolo in evidenza

Mettere in evidenza un articolo fa sì che esso rimanga in cima alla pagina dell'articolo. Se il vostro tema supporta questa funzione, l'articolo può essere visualizzato anche in primo piano nella homepage (per maggiori dettagli, consultate il capitolo *PERSONALIZZAZIONE DEL TEMA*).

1. Navigare in **Bacheca > Articoli**. Passare il mouse sul articolo desiderato, ad esempio Hello world! Appariranno altre opzioni.

2. Fare clic su **Modifica rapida**. In questo modo vengono visualizzate le opzioni della pagina.

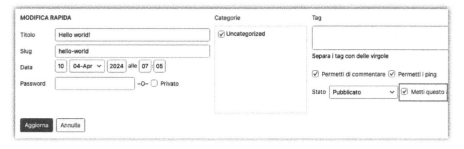

3. Nel menu **Modifica rapida** è possibile regolare alcune proprietà del articolo senza aprire l'editor completo.

4. Selezionare l'opzione **Metti questo articolo in evidenza**.

5. Fare clic su **Aggiorna** e poi visualizzare il sito per vedere le modifiche.

Disattivare permetti di commentare

Per un sito informativo, potreste non volere che i lettori commentino gli articoli. In tal caso, è possibile disattivare il modulo dei commenti.

1. Andare a **Bacheca > Articoli**. Passare il mouse sull'articolo desiderato (ad esempio, *Hello World!*). Appariranno altre opzioni.

2. Fare clic su **Modifica rapida**. Verranno visualizzate varie opzioni.

3. Disattivare l'opzione **Permetti di commentare**. In questo modo si rimuove il modulo dei commenti dal post. Fare clic su **Aggiorna** per salvare le modifiche.

Se si desidera disattivare i commenti per tutti i nuovi articoli:

Andare su **Bacheca > Impostazioni > Discussione**.

In **Impostazioni predefinite per gli articoli**, deselezionare tutte le opzioni relative ai commenti. **Salvare le modifiche**. Questo aiuta a prevenire lo spam.

Proteggere le pagine con una password

Sebbene la maggior parte del vostro sito sia accessibile al pubblico, potreste voler limitare l'accesso ad alcune parti. Le pagine o i articolo possono essere protetti da password.

Andare a **Bacheca > Pagine**. Passare il mouse sul titolo della pagina che si desidera proteggere e fare clic su Modifica rapida.

Sample Page

Modifica | Modifica rapida | Cestina | Visualizza

Inserire una **password** nel campo Password per proteggere la pagina.

MODIFICA RAPIDA

		Genitore
Titolo	Sample Page	
		Ordinamen
Slug	sample-page	
Data	10 04-Apr ⌄ 2024 alle 07 : 05	☐ Permett
		Stato
Password	Lorem ipsum –o– ☐ Privato	

Aggiorna   Annulla

In alternativa, è possibile impostare la pagina su **Privata**, consentendo solo agli utenti registrati di visualizzarla dopo aver effettuato il login (vedere il capitolo Utenti). In questo caso, non è richiesta una password.

Fare clic sul pulsante **Aggiorna** per salvare le modifiche.

LIBRERIA DEI MEDIA

La mediateca è accessibile dalla sezione Media della Bacheca di Word-Press. Da qui è possibile caricare e organizzare i file multimediali. Una volta caricati, è possibile inserire facilmente i file multimediali nel tema, negli arti-coli, nelle pagine o nelle aree widget, a seconda delle necessità.

Aggiungeremo un file alla libreria:

1. Andare a **Bacheca > Media > Aggiungi nuovo file media**.

2. Trascinare e rilasciare un file in questa finestra o fare clic su **Seleziona file**.

3. Dopo il caricamento del file, vengono visualizzate ulteriori informazioni.

4. Per gestire i file multimediali, andare su **Bacheca > Media > Libreria**. Da questa finestra è possibile visualizzare e organizzare tutti i file media.

5. Quando si fa clic su un'immagine, vengono visualizzate cinque opzioni: **Modifica immagine**, **Visualizza file media**, **Modifica i dettagli aggiuntivi**, **Scarica il file** e **Elimina definitivamente**.

Fare clic su **Modifica i dettagli aggiuntivi** per aggiungere informazioni meta come **Titolo**, **Testo alternativo**, **Didascalia** e **Descrizione**.

Quindi fare clic sul pulsante **Aggiorna**.

Modifica immagine

Per modificare un'immagine, fare clic su di essa e poi sul pulsante **Modifica immagine**.

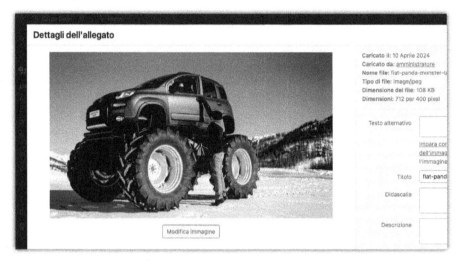

Le opzioni di modifica includono **Ritaglia**, **Scala**, **Rotazione** e **Ribalta**.

È inoltre possibile regolare le dimensioni originali nella colonna di destra.

Dopo aver apportato le modifiche, fare clic sul pulsante **Applica**.

Inserire immagini

È possibile inserire immagini in un articolo o in una pagina. Nell'editor dei blocchi, fare clic prima sull'icona ➕ e poi scegliere **Immagine**.

Quindi fare clic su **Libreria media**, per visualizzare una panoramica totale in una finestra a comparsa. **Selezionare** un'immagine.

Quindi fare clic su un'icona di **allineamento**. In questo caso, scegliere allineamento a **sinistra**.

Quindi fare nuovamente clic sull'icona  e selezionare un **paragrafo**.

Inserire il testo nel blocco di paragrafo. L'immagine è ora allineata a sinistra rispetto al testo. Ridurre l'immagine per vedere l'effetto.

Selezionare l'immagine. Nella colonna di destra sono presenti diverse impostazioni. Facendo clic su **Opzioni** (3 punti, barra degli strumenti) è possibile *copiare*, *duplicare* o *eliminare* un'immagine.

Link immagine

Un'immagine può essere utilizzata anche come link. Selezionare un'immagine. Fare quindi clic sull'icona **Link** nell'editor di blocchi. Come si può vedere, è possibile collegarsi a un **URL**, a un **file immagine** o a una **pagina dell'allegato**.

Digitare o incollare un URL nel campo del link. Il pulsante **Impostazioni link > Apri in una nuova scheda** apre il link in una nuova finestra.

Successivamente, non dimenticate di **aggiornare** la pagina.

Impostazioni dei media

Accedere a **Bacheca > Impostazioni > Media**.

I valori indicano le dimensioni massime in pixel utilizzate per aggiungere immagini alla mediateca.

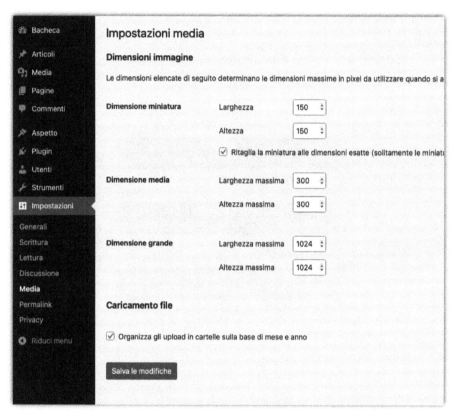

Se si desidera discostarsi da questa impostazione, è possibile modificarla.
Non dimenticate poi di fare clic sul pulsante **Salva le modifiche**.

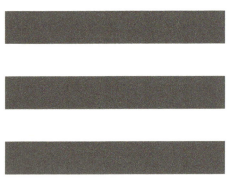

MENU

Con il tema Twenty Twenty-One, le pagine non sono automaticamente incluse in un menu, a differenza di altri temi. Se si desidera avere un menu e controllarne l'ordine, è necessario crearlo.

1. Accedere a **Bacheca > Aspetto > Menu**.

2. Nel campo **Nome menu**, assegnare un nome al menu, ad esempio *Main Menu*, quindi fare clic sul pulsante **Crea menu**.

3. Le pagine non vengono aggiunte automaticamente al menu. Fare clic su **Mostra tutto** per visualizzare tutte le pagine disponibili e aggiungerle al menu. Selezionare **Benvenuto**, le altre pagine (escluse le *Notizie*) e fare clic su **Aggiungi al menu**.

4. Anche gli *Articoli*, i *Link personalizzati* e le *Categorie* possono essere inclusi nel menu.

5. Regolare l'ordine delle voci di menu trascinandole verticalmente. Per creare sottomenu, trascinare una voce di menu verso destra (ad esempio, **Chi > Sample Page**).

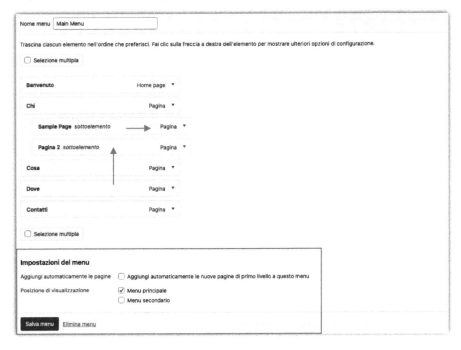

6. In **Impostazioni del menu**, attivare **Menu principale** per visualizzare il menu sul sito web. Temi diversi possono avere diverse posizioni per i menu, ognuna con la propria posizione e il proprio stile.

7. Una volta personalizzato il menu, fare clic su **Salva menu** e visualizzare l'anteprima del sito.

Articoli nel menu

Nel capitolo *Personalizzazione della home-page*, si dice che tutti i articolo saranno collegati alla pagina delle notizie. Seguite questi passaggi per aggiungere la pagina Notizie al menu:

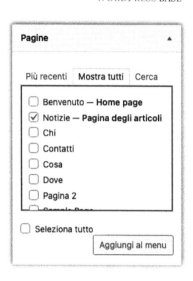

8. Aggiungere la pagina **Notizie** al menu.

9. Trascinare la voce di menu nella posizione desiderata, ad esempio sopra *Contatti*.

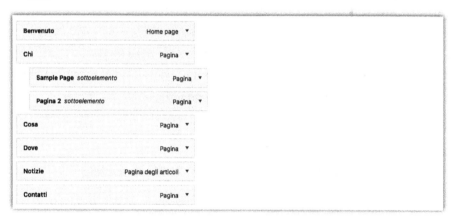

10. Fare clic su **Salva menu** e visualizzare il sito.

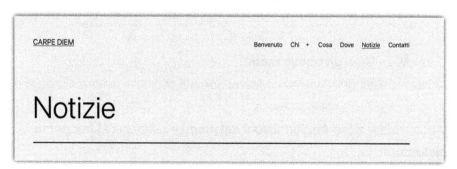

Menu dei link sociali

In **Impostazioni del menu > Visualizza posizione**, sono presenti diversi nomi di posizioni. Il numero e i nomi delle località possono variare a seconda del tema, determinato dal tema stesso (in questo caso, Twenty Twenty-One).

Impostazioni del menu

Aggiungi automaticamente le pagine	☐ Aggiungi automaticamente le nuove pagine di primo livello a questo menu
Posizione di visualizzazione	☑ Menu principale
	☐ Menu secondario

Salva menu   Elimina menu

Un menu può essere incluso in diverse aree, come l'header, il footer, la colonna sinistra, ecc. Se si vede una posizione denominata **Menu sociale**, è destinata specificamente a un menu che include collegamenti alle pagine dei social media. In un menu sociale, le icone dei social media vengono generate automaticamente. Nel tema Twenty Twenty-One è possibile utilizzare il **menu secondario**, che di solito viene visualizzato nel footer.

Creare un menu sociale

Andate a **creare un nuovo menu** e chiamatelo **Menu sociale**.

Modifica menu	**Gestione posizioni**

Modifica il menu sottostante oppure crea un nuovo menu. Non dimenticarti di salvare le tue modifiche!

Fate clic su **Crea un nuovo menu**.

A titolo di esempio, creiamo un **Menu sociale** con collegamenti alle pagine *Facebook* e *Twitter* di WordPress.

Andare alla sezione **Aggiungi voci del menu** e selezionare **Link personalizzati**.

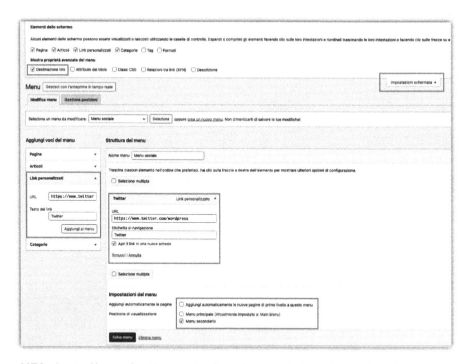

URL: *https://www.facebook.com/wordpress*. Testo del link: **Facebook**.

Quindi fare clic sul pulsante **Aggiungi al menu**. Fate lo stesso per Twitter.

URL: *https://www.twitter.com/wordpress*. Testo del link: **Twitter**.

Utilizzando le **Impostazioni schermata** (in alto a destra), è possibile attivare **Destinazione link** per *Aprire il link in una nuova scheda*. Questa opzione può essere impostata individualmente per ogni voce di menu.

In **Impostazioni del menu - Posizione di visualizzazione**, selezionare **Menu secondario**.

Infine, fare clic sul pulsante **Salva menu** e visitare il sito (footer).

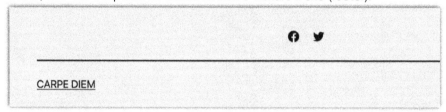

CATEGORIE

In WordPress è possibile suddividere i **articolo** in **categorie** per facilitarne la ricerca da parte dei visitatori.

Le **categorie** possono essere visualizzate nei menu o utilizzate nelle barre laterali.

1. Andare a **Bacheca > Articoli > Categorie**.

2. Passare il mouse su **Uncategorized** e fare clic su **Modifica rapida**.

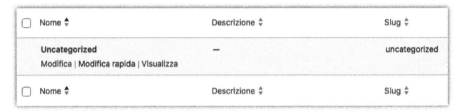

3. Cambiare il nome in **Articoli del blog** e fare clic su **Aggiorna categoria**.

È anche possibile mantenere la categoria *Uncategorized* e crearne di nuove in base alle esigenze. Questo può essere utile per organizzare i articolo che non sono ancora stati categorizzati.

In Aggiungi nuova categoria inserire il nome della nuova categoria.

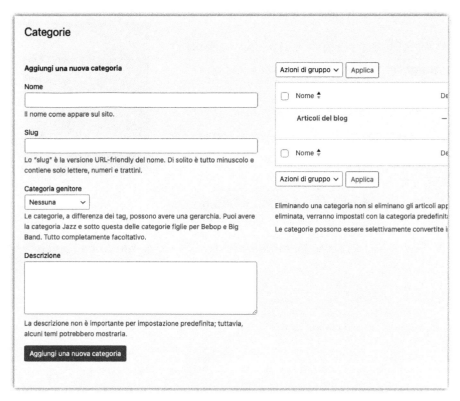

È possibile creare una struttura gerarchica specificando una **categoria padre**. Al termine, fare clic sul pulsante **Aggiungi una nuova categoria**.

Ad esempio, se il vostro blog parla di sport, Sport potrebbe essere la categoria principale, con sottocategorie come *calcio*, *basket* e *pallavolo*.

Dopo aver creato le categorie, è possibile assegnarle ai post.

Andare in **Bacheca > Articoli > Tutti gli articoli**. Selezionare un articolo.

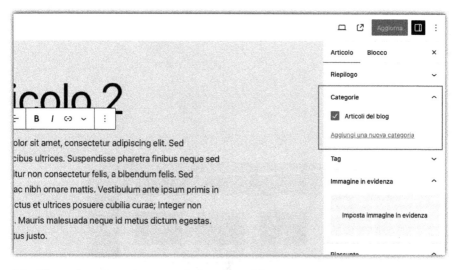

Modificare la categoria secondo le necessità.

WIDGETS

I widget sono elementi che migliorano le caratteristiche visive e interattive di un sito web. Questi componenti includono elementi come il *campo di ricerca*, i *commenti recenti*, l'*archivio*, i *articolo più recenti*, le *categorie*, ecc.

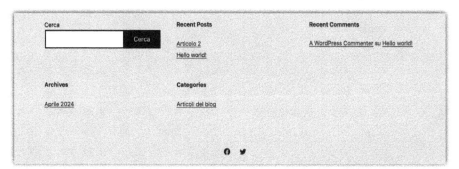

I widget si trovano comunemente nel **footer** o nella **barra laterale** di un tema.

Aggiungi widget

1. Andare a **Bacheca > Aspetto > Widget**.

2. Scorrere verso il basso e fare clic sull'icona **+**.
   Selezionare il blocco **Calendario**.

3. **Trascinare** il blocco nella parte superiore della barra laterale.

4. Fare clic su **Aggiorna**.

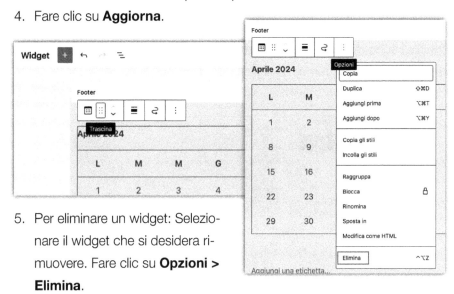

5. Per eliminare un widget: Selezionare il widget che si desidera rimuovere. Fare clic su **Opzioni > Elimina**.

6. Visualizza il sito.

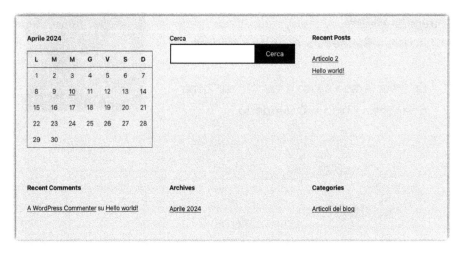

Ricordate che i widget possono variare a seconda del tema in uso. Se si passa a un tema diverso, potrebbe essere necessario aggiungere nuovamente i widget.

Contenuto nella barra laterale o nel footer

È possibile aggiungere altri contenuti a una barra laterale facendo clic sull'icona 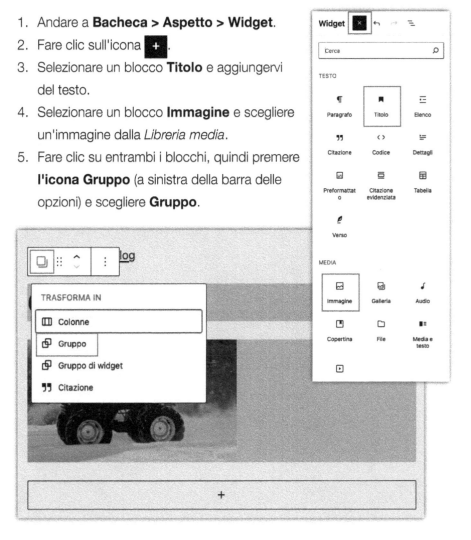 situata in alto a sinistra dello schermo. Tutti i blocchi disponibili possono essere aggiunti a una barra laterale o al footer.

Per aggiungere altri contenuti, procedere come segue:

1. Andare a **Bacheca > Aspetto > Widget**.
2. Fare clic sull'icona ▣ .
3. Selezionare un blocco **Titolo** e aggiungervi del testo.
4. Selezionare un blocco **Immagine** e scegliere un'immagine dalla *Libreria media*.
5. Fare clic su entrambi i blocchi, quindi premere **l'icona Gruppo** (a sinistra della barra delle opzioni) e scegliere **Gruppo**.

6. Se necessario, riorganizzare l'ordine.
7. Salvare le modifiche.
8. Visualizzare l'anteprima del sito.

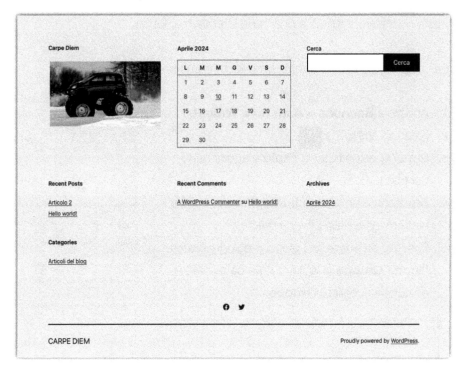

Quando si raggruppano entrambi i blocchi, essi vengono visualizzati come un unico blocco (impilato verticalmente) nel footer. I blocchi separati vengono visualizzati uno accanto all'altro.

ELEMENTI PRATICI A BLOCCHI

A partire dalla versione 5.0 di WordPress, non è più necessario installare plugin per inserire colonne, tabelle o pulsanti, tra le altre cose. Con il nuovo editor di blocchi, gli utenti possono utilizzare direttamente vari elementi. In questo capitolo esploreremo alcuni blocchi pratici.

Colonne

Passare a una **Pagina** e fare clic sull'icona ➕ in alto a sinistra. Scegliere **DESIGN > Colonne**.

Selezionare una variante. Si consiglia di non utilizzare più di 2 o 3 colonne. Nella visualizzazione mobile, le colonne vengono visualizzate una sotto l'altra.

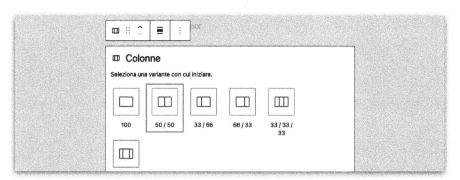

Le colonne sono posizionate. All'interno di ogni colonna, utilizzare l'icona **+** per aggiungere blocchi di contenuto come **Paragrafi**.

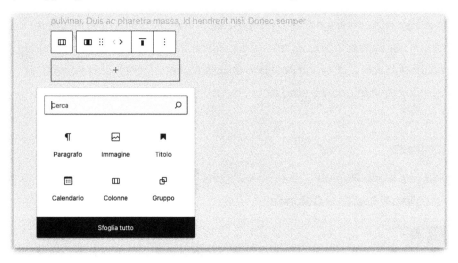

Per navigare tra gli elementi di blocco annidati in una colonna, utilizzare **Riepilogo del documento > Vista elenco**.

Si trova nell'angolo superiore sinistro della finestra.

Selezionando un blocco in questo elenco, è possibile modificare facilmente un elemento (*Impostazioni*).

Tabelle

Fare clic sull'icona 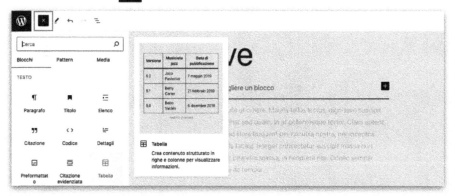 e selezionare **TESTO > Tabella**.

Specificare il numero desiderato di **colonne** e **righe**.

Quindi fare clic su **Crea tabella** e inserire il contenuto nella tabella.

Dalle **Impostazioni Tabella**, attivare **Celle tabella a larghezza fissa**.

Pulsanti

Un pulsante attira l'attenzione più di un link testuale.

Fate clic sull'icona **+** e selezionate **DESIGN > Pulsanti**.

Aggiungere **testo** al **pulsante**. Fare clic **sull'icona del link** e digitare o incollare un **URL** nel campo del link. Da Impostazioni (a destra) è possibile personalizzare le proprietà del pulsante.

In **Stili**, scegliere **Riempimento**. Con **Colore** è possibile regolare il colore del testo o dello sfondo. L'arrotondamento può essere effettuato con **Raggio**.

Assicurarsi che il link si **Apra in una nuova scheda** utilizzando l'opzione Toolbar-Link.

Quindi fare clic sul pulsante **Aggiorna** o **Pubblica**.

Galleria

Fare clic sull'icona **+** e scegliere **MEDIA > Galleria**.

Caricare nuove immagini o selezionarle dalla Libreria media. Fare clic su **Libreria media** e selezionare un certo numero di immagini.

Fare quindi clic sul pulsante **Crea una nuova galleria**.

Viene visualizzata una nuova schermata di panoramica.

Quindi fare clic su **Inserisci galleria**. È possibile, tra l'altro, regolare l'ordine delle immagini. Fare clic su **un'immagine** e attivare **Espandi al clic**.

Pubblicare il articolo o la pagina e visualizzare il sito.

Pattern

I **blocchi** consentono di formattare pagine o articoli. Inoltre, avete la possibilità di utilizzare i Pattern, che sono blocchi pre-progettati su misura per scopi specifici, come ad esempio una pagina di benvenuto, il layout di un blog o una pagina di contatto, tra gli altri.

I **Pattern** sono integrati nel tema attivo. L'uso dei motivi può far risparmiare tempo, in quanto offrono strutture già pronte che si possono facilmente personalizzare sostituendo il testo o le immagini. È possibile migliorare ulteriormente l'aspetto dei blocchi e dei motivi regolando le **impostazioni** nella colonna di destra.

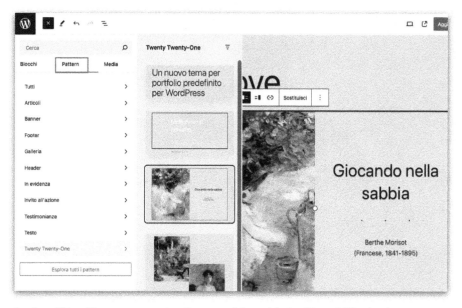

Inoltre, WordPress consente di creare **blocchi riutilizzabili**, che hanno una funzione simile a quella dei modelli. Questi blocchi possono essere aggiunti al vostro sito web, fornendo coerenza tra le diverse pagine. Per istruzioni dettagliate sulla creazione di blocchi riutilizzabili, consultare il libro *WordPress - Gutenberg*.

PERSONALIZZARE IL TEMA

La personalizzazione del tema attivo può essere effettuata facilmente dalla Bacheca; l'estensione delle opzioni di personalizzazione varia a seconda del tema in uso.

Per accedere alle impostazioni di personalizzazione, navigare in **Bacheca > Aspetto > Temi - Personalizza**.

Questa azione apre una nuova finestra, nella cui colonna di sinistra viene visualizzato un elenco di elementi personalizzabili.
Ogni opzione si espande facendo clic, rivelando ulteriori possibilità di personalizzazione.

Nel caso di questo tema, le opzioni di persona-lizzazione comprendono *Denominazione del sito*, *Colori e modalità scura*, *Immagine di sfondo*, *Menu*, *Widget*, *Impostazioni homepage*, *Impostazioni del riassunto* e *CSS aggiuntivi*.

Ad esempio, se si desidera regolare i colori del tema, è possibile utilizzare l'opzione **Colori e modalità scura**. Facendo clic su **Seleziona colore** accanto a **Colore di sfondo**, è possibile modificare il colore come desiderato, con le modifiche immediatamente visibili nella finestra di anteprima.

Non dimenticate di **salvare** le modifiche e di chiudere la finestra di personalizzazione facendo clic sull'icona **X** nell'angolo in alto a sinistra.

Posizionare l'immagine in evidenza

L'inserimento di un'immagine in evidenza comporta la selezione di un'immagine da visualizzare nella parte superiore del tema. Mentre molti temi consentono di farlo tramite **Bacheca > Personalizza > Header**, il tema Twenty Twenty-One utilizza invece **un'immagine in evidenza**. Per impostare un'immagine in evidenza come header, procedere come segue:

Andare su **Bacheca > Pagine** e selezionare la pagina iniziale di **benvenuto**. Nel pannello delle impostazioni sul lato destro, fare clic su **Immagine in evidenza** e scegliere un'immagine adatta dalla libreria media. Infine, fare clic sul pulsante **Aggiorna** per salvare le modifiche.

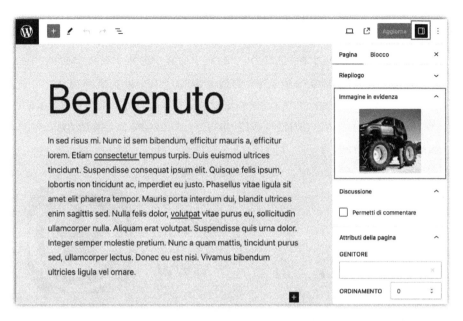

Ripetendo questi passaggi per ogni pagina, è possibile creare header varia per tutto il sito.

Favicon

Una favicon (abbreviazione di favorite icon) è una piccola icona associata a un sito web che appare nella barra degli indirizzi e dei segnalibri di un browser. In WordPress, si raccomanda che la favicon sia di forma quadrata o di dimensioni minime di 512 × 512 pixel e può essere in vari formati web come gif, jpg o png.

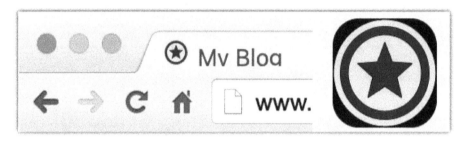

Accedere a **Bacheca > Aspetto > Personalizza - Denominazione del sito**. In **Icona del sito**, fare clic su **Seleziona l'icona del sito**.

Scegliere un'immagine dalla **libreria media** e ritagliarla come necessario.

Visualizzare l'anteprima della favicon e, una volta soddisfatti, fare clic sul pulsante **Pubblica** per salvare le modifiche.

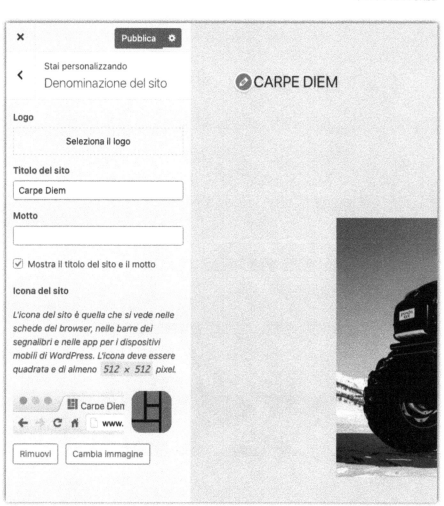

NUOVO TEMA

Un tema classico di WordPress è un insieme di file PHP e CSS che definiscono il design e le funzionalità di un sito WordPress.

I temi consentono agli utenti di modificare il design del sito senza perdere i contenuti e sono noti anche come modelli.

WordPress offre oltre 12.000 temi gratuiti da scaricare, oltre a temi commerciali che vanno da 10 a circa 70 dollari.

In questo capitolo vi mostrerò come **scaricare** un tema, **installarlo** e **attivarlo**. Andare a **Bacheca > Aspetto > Temi**.

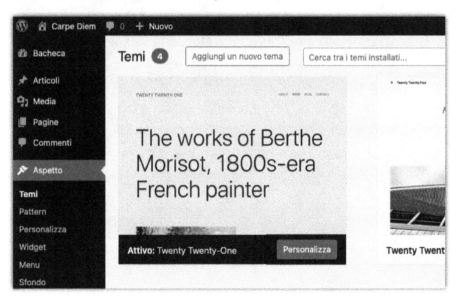

Fare clic sul pulsante **Aggiungi un nuovo tema**.

Scaricare e installare il tema

Per scaricare e installare un tema, sono disponibili diverse opzioni. Nella schermata Aggiungi temi sono presenti categorie come **Popolari**, **Più recenti**, **Temi a blocchi** e **Preferiti**.

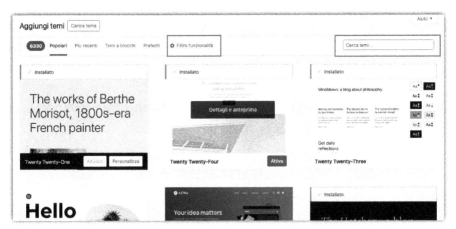

È anche possibile utilizzare la funzione **Cerca temi** o il **Filtro funzionalità** per trovare un tema adatto.

Se si è scaricato un file di tema, è possibile installarlo facendo clic sul pulsante **Carica tema**. Il file del tema è solitamente in formato **Zip**. Per altri temi gratuiti, è possibile visitare il sito *http://wordpress.org/extend/themes*.

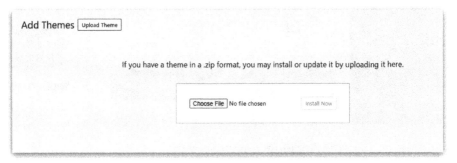

Una volta trovato un tema di vostro gradimento, fate clic sul pulsante **Installa ora**.

Ad esempio, installiamo il tema Maxwell di ThemeZee. Digitare **Maxwell** nel **campo di ricerca**, quindi fare clic su **Cerca**.

Passare il mouse sull'anteprima del tema per ottenere maggiori informazioni o fare clic su **Dettagli e anteprima**. Infine, fare clic su **Installa** e **Attiva**.

Da **Bacheca > Aspetto > Temi** è possibile vedere il numero di temi installati. **Attivare** consente di cambiare i temi.

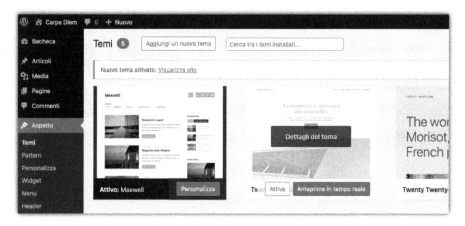

Se si nota che il menu scompare dopo aver cambiato il tema, si può regolare il menu in **Bacheca > Aspetto > Menu**.

In alcuni casi, alcune funzioni come il **menu sociale** potrebbero richiedere una versione a pagamento del tema. Per includere le icone dei social media, è possibile utilizzare i widget o i plugin.

Dopo aver apportato le modifiche, ricordarsi di specificare la **posizione di visualizzazione** in *Impostazioni menu* e fare clic su **Salva menu**.

Personalizzazione del tema

La personalizzazione di un tema classico tramite il **Theme Customizer** varia da tema a tema. Vediamo le opzioni disponibili nel tema Maxwell.

Accedere a **Bacheca > Aspetto > Temi - Personalizza**.

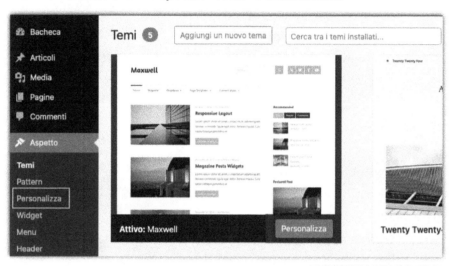

Nella colonna di sinistra sono riportate le opzioni di personalizzazione disponibili.

Nel tema Maxwell, è possibile personalizzare *l'identità del sito*, *l'immagine dell'header*, *lo sfondo*, *i menu*, *i widget*, le *impostazioni della homepage*, le *opzioni del tema* e i *CSS aggiuntivi*.

Ad esempio, per modificare il colore del tema, è possibile utilizzare **Sfondo > Colore di sfondo**.

Header del luogo

L'aggiunta delle header al tema Maxwell è diversa da quella del tema predefinito di Twenty Twenty-One.

Per aggiungere header al tema, andare a:
Bacheca > Aspetto > Header o
Bacheca > Personalizza - Header.

Trovate un'immagine header adatta con dimensioni di circa 1200 x 400 pixel in formato JPG.

Fare clic su **Aggiungi nuova immagine**, selezionare il file e **caricarlo**.

Se l'immagine è troppo grande, potrebbe essere necessario ritagliarla. In alternativa, è possibile evitare il ritaglio.

Una volta caricata, fare clic su **Pubblica** per salvare le modifiche. Visualizzare l'anteprima del sito per vedere la nuova header.

Le header saranno visualizzate su ogni pagina e articolo. Se si desidera avere intestazioni diverse per ogni pagina o articolo, potrebbe essere necessario utilizzare un plugin.

Per maggiori dettagli, consultare il capitolo *Custom Headers*.

Carpe Diem

Benvenuto   Chi ˅   Cosa   Dove   Notizie   Contatti

Aprile 10, 2024 • Articoli del blog

Hello world!

Welcome to WordPress. This is your first post. Edit or delete it, then start writing!

Continue reading »

Aprile 10, 2024 • Articoli del blog

Articolo 2

Lorem ipsum dolor sit amet, consectetur adipiscing elit. Sed malesuada faucibus ultrices. Suspendisse pharetra finibus neque sed efficitur. Curabitur non

Continue reading »

Carpe Diem

Aprile 2024

L	M	M	G	V	S	D
1	2	3	4	5	6	7

TEMI A BLOCCHI

Il tema **Twenty Twenty-Two** è il primo tema di blocco predefinito di Word-Press. Consente una facile personalizzazione visiva, permettendo di modificare o aggiungere blocchi come titoli, loghi e menu. È inoltre possibile regolare la struttura della **homepage**, **dell'articolo** o della **pagina**, nonché modificare il testo e gli stili predefiniti del footer, come il colore, la dimensione e il carattere.

La personalizzazione di un tema a blocchi si effettua utilizzando lo stesso editor delle pagine o degli articoli. WordPress lo chiama **Full Site Editing** e offre un'esperienza completa di editor e site builder. Per iniziare, create un nuovo sito web WordPress con **Local**.

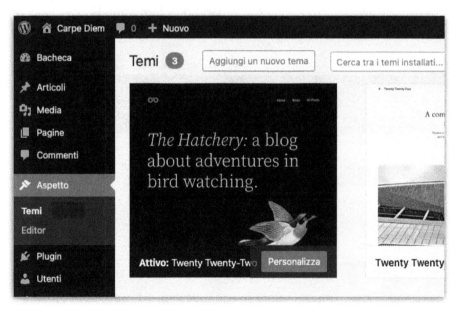

Andare in **Bacheca > Aspetto** e **installare** e **attivare** il tema **Twenty Twenty-Two**. WordPress vuole dimostrare in questa versione quanto sia facile lavorare con i temi a blocchi.

Andare su **Aspetto > Editor**. Appare **l'Editor** del sito. Nella colonna di sinistra sono presenti diverse opzioni: **Navigazione**, **Stili**, **Pagine**, **Template** e **Pattern**. A destra è visibile la homepage con gli ultimi articoli.

Selezionare il **titolo**, quindi fare clic su **Modifica template**. Sopra il blocco apparirà una barra di opzioni.

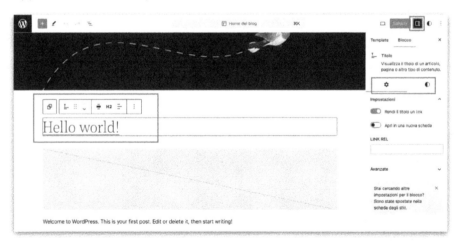

Utilizzando l'icona **Impostazioni** (in alto a destra), si trovano altre **opzioni di blocco** in una colonna a destra. Con **Impostazioni** (icona a colonna) e **Stili** (icona a mezzaluna), è possibile personalizzare ulteriormente il blocco.

L'icona di WordPress (in alto a sinistra) vi riporterà all'Editor del sito.

Navigare in **Aspetto > Editor - Template**. I modelli sono composti da **Parti di template** e **blocchi**, che formano collettivamente una pagina. Una parti di template può essere, ad esempio, **header**, una **barra laterale** o un **footer**. Un template è in genere composto da più parti.

Il nome di un template indica il suo scopo. Ad esempio, il template **Articolo singolo** viene visualizzato quando un visitatore fa clic su un articolo dalla homepage, mostrando l'intero post. Il numero di modelli può variare a seconda del tema.

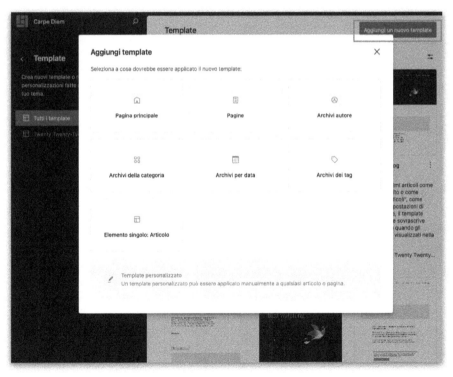

È possibile creare nuovi template facendo clic sul pulsante **Aggiungi un nuovo template**.

Selezionare **Articolo singolo** e fare clic su un **blocco** per modificarlo.

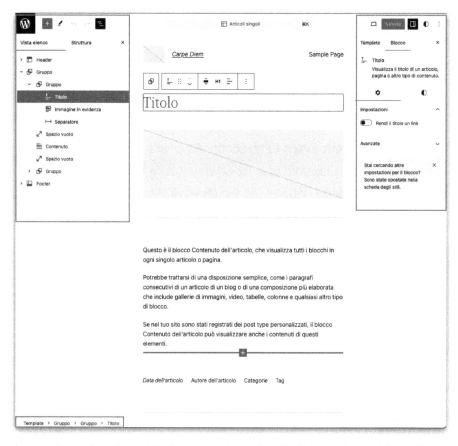

La struttura di un template è composta da **Parti di template** e **blocchi tematici**. Selezionando un componente o un blocco del template, si può vedere la sua funzione. È possibile farlo utilizzando la **Vista elenco** o il **percorso a briciole**. È possibile regolare le proprietà del blocco utilizzando le **opzioni** e le **impostazioni del blocco** nella colonna di destra.

È possibile aggiungere componenti di modelli e blocchi di temi utilizzando l'inseritore di blocchi, rappresentato dall'icona **+** in alto a sinistra.

Andare in **Aspetto > Editor > Pattern**. Oltre ai Pattern dei temi (layout), troverete anche un elenco di PARTI DI TEMPLATE. Fare clic su una parte per modificarla. Il nome indica il tipo che rappresenta.

Il pulsante **+ > Crea Parti di template** consente di creare parti template.

Il vantaggio di lavorare con una **Parti di template** è che consente di concentrarsi sul layout senza essere sopraffatti dall'intera struttura della pagina.

Modifica Homepage, Template e Parti del template

Con l'editor del sito di Gutenberg, è possibile aggiungere o modificare blocchi e modelli senza problemi e le modifiche hanno effetto immediatamente dopo il salvataggio. Una volta modificato un template o una parte di template, ciò viene indicato nella panoramica dei modelli, accessibile tramite **Template > Gestisci tutti template > Azioni** (tre punti). Fare clic su **Reimposta**.

Per illustrare, procediamo alla modifica di un template.

Andare in **Editor > Template** e selezionare il template **Articolo singolo**.

Il nostro obiettivo è sostituire l'header e il footer con un template. Inoltre, modificheremo i blocchi di informazioni Meta, tra cui Data, Autore e Categoria, posizionati direttamente sotto il Titolo.

Personalizzazione di header e footer:

1. Utilizzare la **Vista elenco** e scegliere il **Gruppo** all'interno della **Header**.
2. Fare clic sull'icona **+** e scegliere **Patterns**.
3. Selezionare la categoria **Header**.
4. Scegliere **Text-only header with tagline and black background**.
5. **Eliminare** il vecchio **gruppo**.
6. Regolare il colore del testo e dei collegamenti su bianco.

Ripetere la stessa procedura per il **footer**, selezionando **Dark footer with title and citation**.

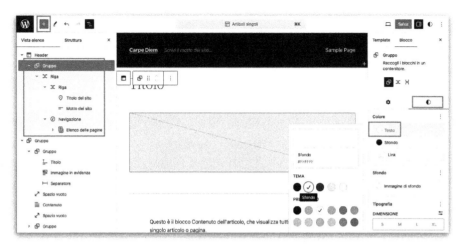

Quindi, spostare le informazioni meta direttamente sotto il **titolo**, **selezionando** e **trascinando** la riga delle informazioni meta sotto il titolo.

Utilizzare la **Vista elenco**. Quindi, regolare la larghezza su **Larghezza ampia**. Salvare le modifiche e visualizzare l'anteprima di un articolo.

Per ulteriori approfondimenti su Layout, Full Site Editing e Temi a blocchi, consultare il libro *WordPress Gutenberg* e *WordPress Temi a Blocchi*.

Nota: **attivate** il tema **Twenty Twenty-One**, che vi servirà per il prossimo capitolo, oppure andate sul vostro sito wordpress precedente.

MODIFICA DEL FOOTER

Il footer si trova nella parte inferiore di un tema WordPress. Nel tema **Twenty Twenty-One**, nel footer si trovano il titolo del sito e il testo Proudly powered by WordPress.

È possibile personalizzare il footer.

1. **Attivare** il tema **Twenty Twenty-One**.
2. Andare in **Bacheca > Aspetto > Editor del tema**. Viene visualizzata una finestra popup. Fare clic sul pulsante **Capsico**. Successivamente, verranno presentati i file PHP del tema *Twenty Twenty-One*.

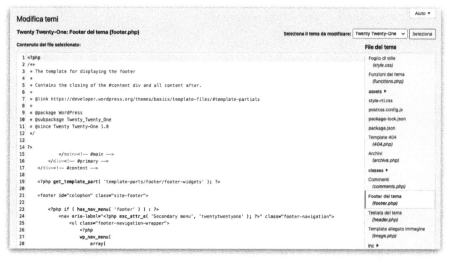

Nella **colonna di destra** si possono vedere tutti i file del tema Twenty Twenty-One .

3. Fare clic su **Footer del tema** (footer.php) nella colonna di destra. **Suggerimento**: Eseguire prima un backup del codice. Copiare il codice e incollarlo in un file di testo. Nella finestra è possibile modificare il file.

```
63              <div class="powered-by">
64                  <?php
65                  printf(
66                      /* translators: %s: WordPress. */
67                      esc_html__( 'Proudly powered by %s.', 'tv
68                      '<a href="' . esc_url( __( 'https://wordp
69                  );
70                  ?>
71              </div><!-- .powered-by -->
72
73          </div><!-- .site-info -->
74      </footer><!-- #colophon -->
75
```

4. Eliminare lo script tra i tag sottostanti

   <?php and **?>**, righe da 65 a 69.

5. Inserire le nuove informazioni tra questi due tag:

   <?php

   ```
   print "Carpe Diem - "; echo date('D, d, M, Y');
   ```

   ?>

```
62
63              <div class="powered-by">
64                  <?php
65                  print "Carpe Diem - "; echo date('D, d, M, Y');
66                  ?>
67              </div><!-- .powered-by -->
68
```

6. Lo script dopo "Carpe Diem - " genera la data corrente.

   ('D, d, M, Y') = giorno, cifra, mese e anno. Se lo si desidera,
   rimuovere una delle lettere per correggere la data.

   Suggerimento: notare le virgolette. "sbagliato" - "giusto".

7. Fare clic sul pulsante **Aggiorna file** e visualizzare il sito.

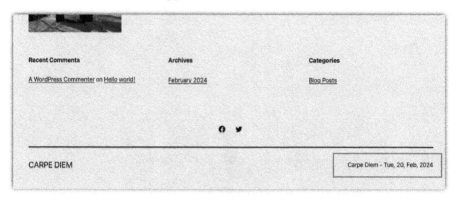

Questo esercizio mostra dove andare per modificare un file di tema. Purtroppo, gli aggiornamenti del tema sovrascrivono qualsiasi modifica apportata al footer.

Se si desidera apportare una modifica permanente, è necessario creare un **Child theme** del tema originale. Si tratta di una sorta di copia del tema originale.

Se si utilizza un tema a blocchi (vedere il capitolo *TEMI A BLOCCHI*), è possibile utilizzare l'Editor del sito. Non è più necessario modificare un file PHP per questo scopo.

Se vi piace modificare il codice "sotto il cofano" o volete sapere come si crea un Child theme, consultate il libro **WordPress - Avanzato**.

UTENTI

In WordPress, diversi utenti possono avere accesso alla gestione di un sito web. Dando agli utenti permessi diversi, si ottiene un accesso completo o limitato.

Aggiunta di utenti:

1. Andare a **Bacheca > Utenti > Aggiungi nuovo utente**. Aggiungere un nuovo utente. Assicurarsi di aver completato i campi richiesti.

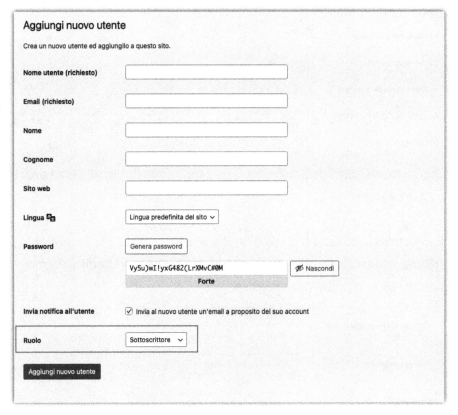

2. Assegnare un **Ruolo** al nuovo utente prima di aggiungerlo.

Panoramica dei diversi ruoli:

	Sottoscrittore	Contributore	Autore	Editore	Amministratore
Leggi gli articoli	●	●	●	●	●
Commentare gli articoli	●	●	●	●	●
Modificare o eliminare gli articoli		●	●	●	●
Pubblicare articoli			●	●	●
Caricare e gestire i file media			●	●	●
Modificare, eliminare o pubblicare articoli e pagine				●	●
Gestione delle categorie				●	●
Gestione dei commenti				●	●
Gestione di plugin e widget					●
Aggiungere o rimuovere utenti					●
Gestione dei temi					●

Suggerimento: quando si collabora a un sito, è bene definire attentamente i ruoli degli utenti.

Se durante l'installazione di WordPress è stata impostata una password debole, è possibile modificarla accedendo a **Bacheca > Utenti** e selezionando il proprio profilo da modificare.

Gestione dell'account

Nuova password Imposta nuova password

Sessioni Scollegati da ogni postazione

Hai perso il telefono oppure lasciato un account collegato su di un compu

PLUGIN WORDPRESS

Le funzionalità aggiuntive sono realizzate, tra l'altro, attraverso i plugin. Questi possono essere considerati come programmi aggiuntivi all'interno del sistema. Se in WordPress manca qualcosa, come un modulo e-mail, una galleria o l'ottimizzazione per i motori di ricerca, è probabile che sia disponibile un plugin.

Ci sono molti plugin disponibili, è importante procedere con saggezza. Non sovraccaricate il vostro sito di plugin. Utilizzateli solo se necessario; troppi plugin possono causare conflitti e rallentare il sito. Inoltre, aumentano il rischio di compromissione del sito. Pertanto, prima di installare un plugin, è necessario effettuare una ricerca approfondita.

Scarica il plugin

Per scaricare un plugin, visitate il repository dei plugin di WordPress all'indirizzo: *https://wordpress.org/plugins*.

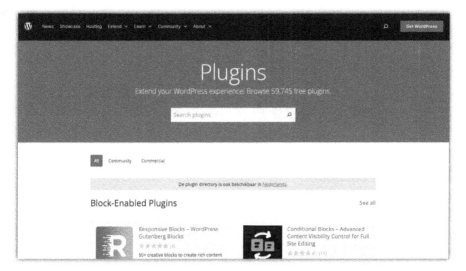

Il plugin giusto

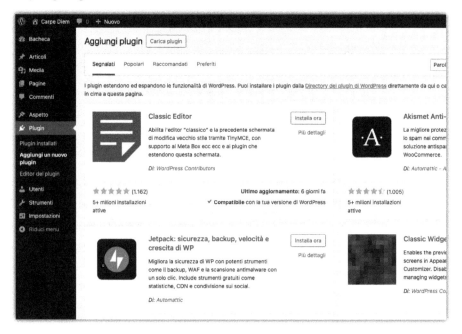

Quando si sceglie un plugin, esaminare attentamente le sue informazioni e porsi le seguenti domande:

▹ Il plugin ha ricevuto valutazioni positive?

▹ Il plugin è facile da usare sia per gli amministratori che per i visitatori?

▹ Il plugin funziona come pubblicizzato?

▹ Il plugin è compatibile con la versione attuale di WordPress?

▹ Quante installazioni attive ha il plugin?

▹ Le prestazioni del sito sono state influenzate dall'attivazione del plugin?

Se un plugin non soddisfa le aspettative, rimuovetelo subito e cercate un'alternativa.

Installare il plugin

Andare a **Bacheca > Plugin > Aggiungi un nuovo plugin**.

Nel campo di ricerca, digitate **Contact Form 7**.

Una volta visualizzato il plugin, fare clic su **Più dettagli** per ottenere ulteriori informazioni.

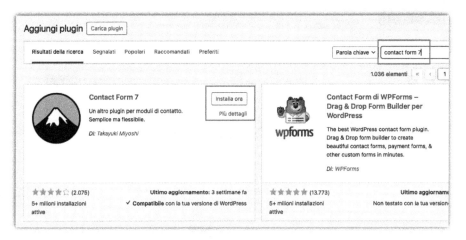

Quindi, fare clic sul pulsante **Installa ora**, seguito da **Attiva**.

Per visualizzare i plugin installati, andare su **Bacheca > Plugin**.

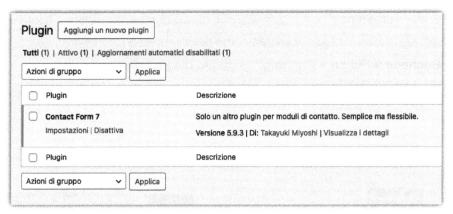

Per configurare il plugin, visitare **Bacheca > Contatto**. Questa sezione verrà aggiunta alla Bacheca, fornendo informazioni sulla personalizzazione e sull'utilizzo.

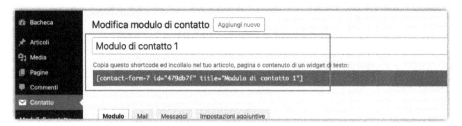

Il plugin è accessibile anche nell'editor dei blocchi.

Passare a una pagina, fare clic sull'icona ➕ , selezionare **Widgets > Contact Form 7**. Scegliere *Modulo di contatto 1* e fare clic su **Salva** o **Aggiorna**.

Inoltre, i plugin possono essere scaricati da *wordpress.org/plugins*. Ricordarsi di installare il plugin scaricato come file compresso (.zipper) tramite **Bacheca > Plugin > Aggiungi un nuovo plugin > Carica plugin**.

Per rimuovere un plugin, accedere a **Bacheca > Plugin > Plugin installati**. Disattivare un plugin prima di eliminarlo.

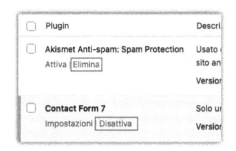

Contact Form 7 è un plugin pratico, ma se avete bisogno di un maggior numero di campi del modulo, prendete in considerazione altre opzioni. Disattivate e rimuovete Contact Form 7 per preparavi a creare un modulo più ampio nel prossimo capitolo.

Plugin preferiti

Se ci sono alcuni plugin che utilizzate spesso, contrassegnateli come **preferiti** su *WordPress.org*. Questo vi permetterà di individuarli rapidamente tramite **Bacheca > Plugin > Nuovo plugin > Preferiti**. Assicuratevi di avere un account su WordPress.org per accedere a questa funzione: *http://wordpress.org/support/register.php*.

Rimanete sintonizzati per il prossimo capitolo, in cui presenterò alcuni utili plugin.

Akismet

WordPress è dotato di default del plugin Akismet. Se si attiva la funzione che consente ai visitatori di commentare i post, questo plugin protegge il sito dai commenti di spam. Per utilizzare Akismet, attivare il plugin e ottenere una API Key, che può essere richiesta gratuitamente.

Per richiedere una API Key, visitare: *https://akismet.com/plans*. Scegliere **Get Personal** e compilare i dati richiesti nella pagina successiva. Regolare il **cursore del contributo** a **zero** e fare clic su **Continua**.

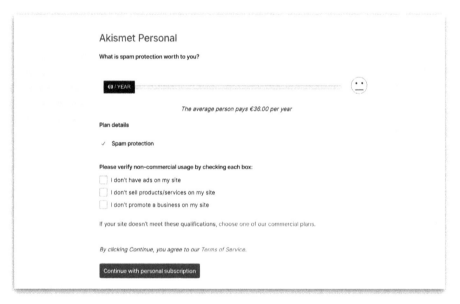

La API Key vi sarà inviata via e-mail.

Attivare Akismet e inserire la API Key:

Andare in **Bacheca > Plugin**. **Installare** e **attivare** il plugin Akismet. Configurare l'account Akismet inserendo la **chiave API** nella finestra fornita. Fare clic sul **Connetti** per completare il processo di configurazione.

Under construction

Questo plugin consente di proteggere il sito web dalla vista del pubblico. La scelta di un plugin Under construction deve tenere conto della sua valutazione, dell'usabilità e del numero di download.

A titolo di esempio, proviamo il plugin **LightStart - Maintenance Mode**.

Installare

1. Andare a **Bacheca > Plugin > Aggiungi un nuovo plugin**.
2. Nel campo di ricerca, digitare *LightStart - Maintenance Mode*.
3. **Installare** e **attivare** il plugin.

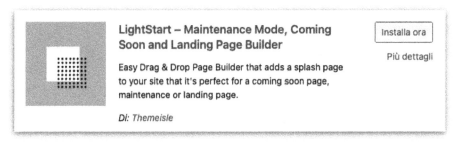

Dopo aver attivato il plugin, è possibile selezionare un template gratuito e configurarne le impostazioni.

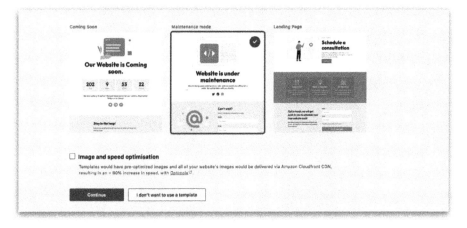

169

Utilizzo

Dopo aver scelto un template, vengono visualizzate le impostazioni.

Si trova in **Bacheca > LightStart**.

1. Nella scheda **Generale**, selezionare **Stato - Attivato/Disattivato**.

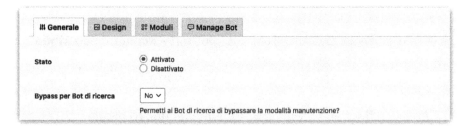

2. Nella scheda **Design** è possibile modificare la pagina o scegliere un altro template.

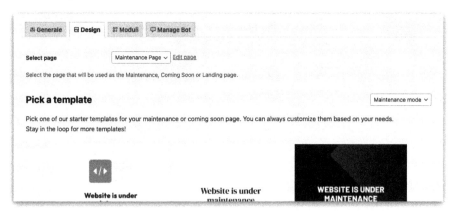

3. Fare clic sulla scheda **Moduli**.

   Verranno visualizzate ulteriori impostazioni per estendere il plugin.

4. Fare clic sulla scheda **Manage Bot**. In questo modo si impostano le fasi di chiamata per richiedere gli indirizzi e-mail. Scegliere **Stato - Attivato**.

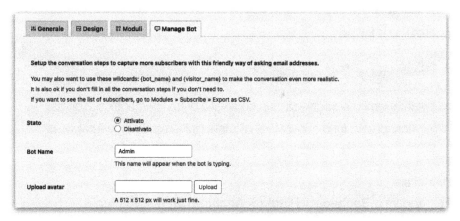

Quindi fare clic sul pulsante **Salva impostazioni**. Visualizzare il sito in un **altro browser**.

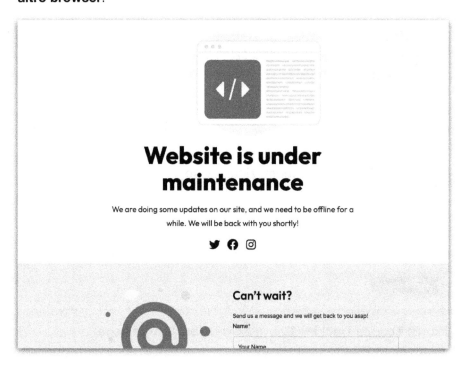

Google analytics

Se volete fornire al vostro sito un codice ID di tracciamento di Google Analytics, potete farlo con il plugin Simple Universal Google Analytics.

Installare

1. Andare a **Bacheca > Plugin > Aggiungi un nuovo plugin**.
2. Nel campo di ricerca, digitare *Simple Universal Google Analytics*.
3. **Installare** e **attivare** il plugin.

Utilizzo

Accedere a **Bacheca > Impostazioni > Google Analytics**.

General Settings

Tracking ID   UA-35118216-1

Enter your Google Analytics Tracking ID for this website (e.g UA-35118216-1).

Salva le modifiche

Inserire il codice **Tracking ID** e fare clic sul **Salva modifiche**.

Modulo

Per un modulo semplice, si può utilizzare *Contact Form 7*. Se avete bisogno di campi aggiuntivi, prendete in considerazione il plugin **wpforms**.

Installare

Andare a **Bacheca > Plugin > Aggiungi un nuovo plugin**.

Nel campo di ricerca, digitare *wpforms*. **Installare** e **attivare** il plugin.

Utilizzo

Andare su **Bacheca > WPForms > Aggiungi nuovo**.

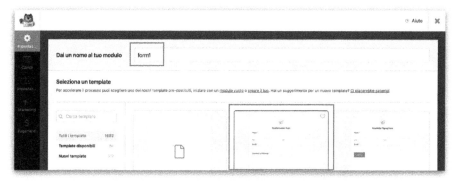

Inserire **form1** e selezionare **Modulo di contatto semplice**.

Dopo aver creato il modulo, aggiungere altri campi se necessario. Fare clic sul pulsante **Caselle di Spunta**.

Selezionare le checkboxes dal modulo.

Personalizzare **l'etichetta** (titolo) e le **scelte**. In questo caso, il titolo è Colore preferito e le scelte sono *Rosso*, *Giallo* e *Blu*. È possibile riorganizzare i campi di scelta prendendoli e trascinandoli nella posizione desiderata. Andare in alto a destra e fare clic sul pulsante **Salva**, quindi sulla **croce** (in alto a destra).

Andare in **Bacheca > Pagine - Contatti** e fare clic sull'icona ⊞ .

Andare in **Blocchi > WIDGETS > WPForms** e selezionare **form1**.

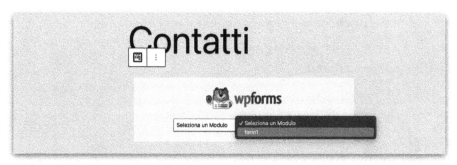

Fare clic sul pulsante **Salva** o **Aggiorna** e visualizzare la pagina.

I messaggi del modulo non arrivano

I messaggi dei moduli che non arrivano in WordPress possono essere un problema comune, spesso dovuto alle impostazioni del server. Per garantire una consegna affidabile delle e-mail dal vostro sito web, potete utilizzare il plugin **WP Mail SMTP**. Questo plugin consente di inviare le e-mail tramite il protocollo SMTP, riducendo la probabilità che i messaggi vengano contrassegnati come spam.

Installare

1. Andare a **Bacheca > Plugin > Aggiungi un nuovo plugin**.
2. Nel campo di ricerca, digitare *WP Mail SMTP*.
3. **Installare** e **attivare** il plugin.

WP Mail SMTP di WPForms – Il più popolare plugin per SMTP e registro delle email

Semplifica l'invio di email per WordPress. Connettiti con SMTP, Gmail, Outlook, SendGrid, Mailgun, SES, Zoho e molto altro. Classificato come il plugin SMTP email per WordPress numero 1.

Installa ora

Più dettagli

Utilizzo

Andare a **Bacheca > WP-Mail-SMTP**.

Generale	Registro delle email	Avvisi	Connessioni aggiuntive	Smart Routing	Controlli email

Nella scheda **Generale**, scegliere l'opzione **Mailer**. Utilizzare l'indirizzo e-mail e i dati SMTP forniti dall'host web.

1. **Email mittente**: L'indirizzo email da cui vengono inviate le email.

2. **Mailer**: selezionare *Altro SMTP*.

3. **Host SMTP**: e.g. *smtp.domainname.com*.

   Crittografia - Nessuna.

   Autenticazione - ON.

   Nome utente e Password SMTP.

Fare clic su **Salva le impostazioni** per applicare le modifiche.

Utilizzando WP Mail SMTP, è possibile garantire che i messaggi dei moduli siano consegnati in modo affidabile ai visitatori senza essere visitatori senza essere contrassegnati come spam.

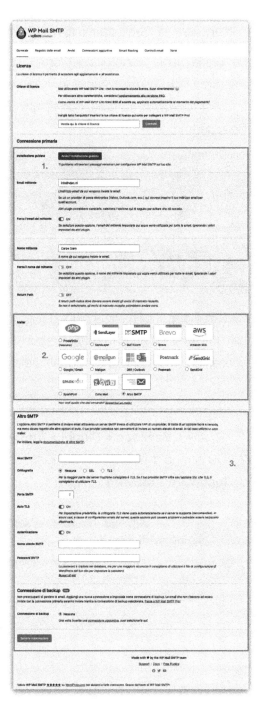

Estendere la gestione dei media

La libreria media predefinita di WordPress è priva di una struttura a cartelle, visualizza tutti i file multimediali in un'unica finestra e consente la selezione solo per tipo di file. Tuttavia, con il plugin **FileBird**, è possibile organizzare i file in cartelle.

FileBird è disponibile come plugin Freemium, il che significa che è disponibile una versione gratuita (Lite), ma con funzioni limitate. La versione Lite consente la creazione di un massimo di 10 cartelle.

Installare

1. Andare a **Bacheca > Plugin > Aggiungi un nuovo plugin**.
2. Nel campo di ricerca, digitare *FileBird*.
3. **Installare** e **attivare** il plugin.

FileBird – WordPress Media Library Folders & File Manager

Installa ora

Più dettagli

Organize thousands of WordPress media files in folders / categories with ease.

Di: Ninja Team

Utilizzo

Andare a **Bacheca > Media > Libreria**.

Fare clic sul pulsante **+ Nuova Cartella** per creare una cartella.

Trascinare e **rilasciare** le immagini nella cartella appena creata.

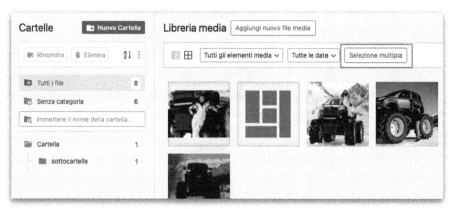

Utilizzate il pulsante **Selezione multipla** per spostare contemporaneamente più immagini in una cartella.

La creazione di **sottocartelle** è semplice: creare una nuova cartella e trascinarla in una cartella esistente. Per rimuovere un file da una cartella, selezionare la cartella e trascinare il file in un'altra cartella o in **Nessuna categoria**.

La versione Lite di FileBird consente la creazione di 10 cartelle. Se si desidera un numero maggiore di cartelle, è necessario passare alla versione Pro, disponibile a 39 dollari.

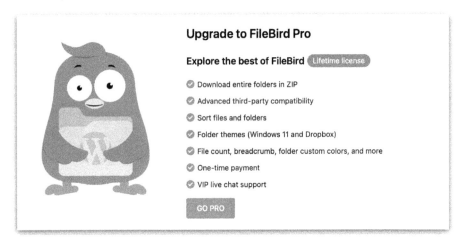

Per ulteriori informazioni e per effettuare l'aggiornamento, visitare il sito: *ninjateam.org/wordpress-media-library-folders*.

Estensione della galleria

Se avete creato una galleria standard di WordPress, potete migliorarne la funzionalità utilizzando il plugin **Simple Lightbox**, che aggiunge un effetto Lightbox alla vostra galleria. Questo effetto consente agli utenti di fare clic su un'immagine all'interno della galleria per visualizzarne una versione ingrandita. Inoltre, la galleria funziona come un carosello di scorrimento.

Installare

1. Andare a **Bacheca > Plugin > Aggiungi un nuovo plugin**.
2. Nel campo di ricerca, digitare *Simple Lightbox*.
3. **Installare** e **attivare** il plugin.

Per attivare l'effetto Lightbox in una galleria, navigare in una pagina contenente un blocco Galleria (consultare il capitolo *Galleria*). Simple Lightbox funziona anche con immagini, pulsanti e link, offrendo un'esperienza di visualizzazione migliorata per vari tipi di media.

Selezionate il blocco **Galleria**, nella **barra degli strumenti**, selezionare **Collega le immagine ai file media**.

Dopo aver effettuato queste ricordarsi di fare clic sul pulsante **Salva** e poi visualizzare il sito per vedere le modifiche.

Per ulteriori impostazioni, andare a **Bacheca > Aspetto > Lightbox**.

Scorrere fino alla fine della pagina, dove è possibile tradurre le **etichette** (Labels) come necessario. Una volta fatto, non dimenticate di fare clic sul pulsante **Salva le modifiche** per applicare le impostazioni.

Aumentare le dimensioni del caricamento

La dimensione massima predefinita di caricamento dei file in WordPress è di 8 MB, che potrebbe non essere sufficiente per i file più grandi come i filmati. Tuttavia, è possibile aumentare questo limite con l'aiuto di un plugin.

Installare

1. Andare a **Bacheca > Plugin > Aggiungi un nuovo plugin**.
2. Nel campo di ricerca, digitare *Increase Maximum Upload File Size*.
3. **Installare** e **attivare** il plugin.

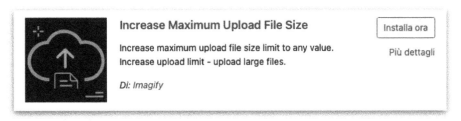

Utilizzo

Andare a **Bacheca > Impostazioni > Increase Maximum Upload File Size**. Selezionare il valore desiderato, ad esempio **64 MB**.

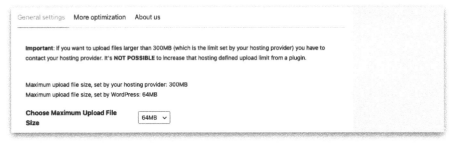

Fare clic su **Salva modifiche** e controllare le dimensioni del caricamento.

Custom sidebars

Gli utenti hanno spesso domande sull'utilizzo di diverse barre laterali. Il plugin *Custom Sidebars* risponde a questa esigenza, consentendo di creare più barre laterali con diversi set di widget.

Nota: il plugin è incompatibile con l'editor di blocchi di widget Gutenberg. È necessario installare il plugin **Classic Widgets** (*da WordPress Contributors*) prima di utilizzare il plugin **Custom Sidebars**.

> 🔥 **IMPORTANT** 🔥
>
> Custom Sidebars plugin is NOT compatible with the new widgets edit screen (powered by Gutenberg). Install the official <u>Classic Widgets</u> plugin if you want to continue using it.

Installare

Andare a **Bacheca > Plugin > Aggiungi un nuovo plugin**. Nel campo di ricerca, digitare *Classic Widgets*. **Installare** e **attivare** il plugin.

Quindi **installare** e **attivare** il plugin *Custom Sidebars*.

Utilizzo

Andare a **Bacheca > Aspetto > Widgets**.

Fare clic su **+ Create a new sidebar**.

Fornire un **nome** e una **descrizione** per la nuova barra laterale.

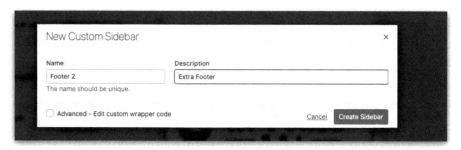

Fare quindi clic sul pulsante **Crea barra laterale**. Aggiungere i widget desiderati alla barra laterale appena creata, ad esempio il **Footer 2**.

Non è necessario salvare le modifiche.

Andare in **Bacheca > Pagine** e selezionare una pagina da associare alla nuova barra laterale. Nella sezione Barre laterali, scegliere **Footer 2**. Fare clic sul pulsante Aggiorna per salvare le modifiche.

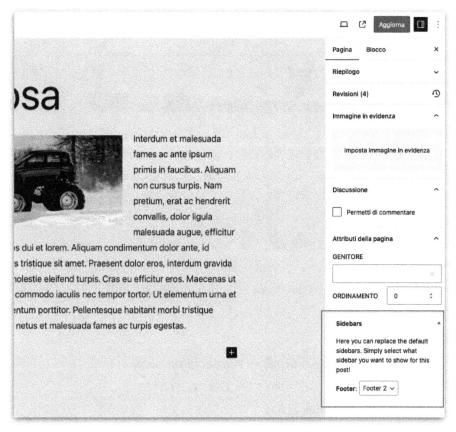

Assicurarsi che la pagina sia inclusa nel menu. Visualizzate il sito e fate clic sulla voce di menu corrispondente per vedere la nuova barra laterale in azione.

Custom header

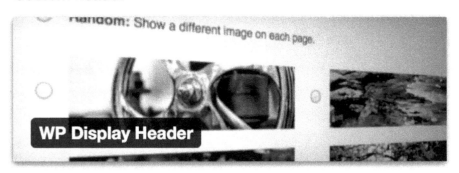

È possibile migliorare ulteriormente il sito web incorporando diverse immagini di header, a condizione che il tema supporti la personalizzazione dell'header. Per utilizzare questa funzione, **attivare** il tema **Maxwell**. Il plugin **WP Display Header** funziona in modo simile al plugin *Custom Sidebars*.

Da una pagina o da un articolo, è possibile specificare l'header corrispondente. Quando la pagina viene caricata, l'header cambia di conseguenza. Tuttavia, si noti che il plugin non è adatto ai temi a blocchi.

Installare

1. Andare a **Bacheca > Plugin > Aggiungi un nuovo plugin**.
2. Nel campo di ricerca, digitare *WP Display Header*.
3. **Installare** e **attivare** il plugin.

WP Display Header

Select a specific header or random header image for each content item or archive page.

Di: Konstantin Obenland

Installa ora

Più dettagli

Importante: assicurarsi di aver abilitato un tema classico che supporti le Header personalizzate.

Importazione di nuove header

Andare a **Bacheca > Media > Aggiungi nuovo file media**.

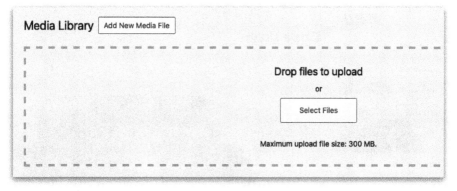

Importare più immagini di header. Suggerimento: assicurarsi che tutte le immagini di header abbiano la stessa altezza.

Il tema Maxwell specifica che header deve essere di 1200 × 400 pixel. Dopo il caricamento, è possibile ritagliare un'immagine per garantire un adattamento perfetto.

Andare a **Bacheca > Aspetto > Header**. Fare clic su **Aggiungi nuove immagini** e selezionare la nuova immagine di header.

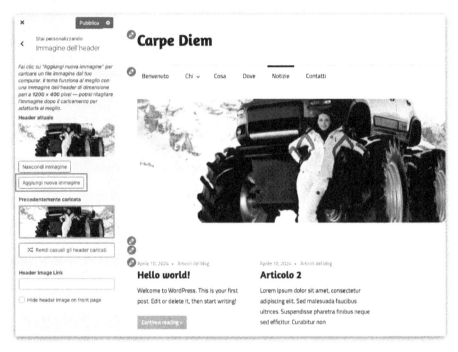

Se necessario, è possibile ritagliare l'immagine di header.

In questo caso, fare clic sul pulsante **Seleziona e ritaglia**. Le nuove header appaiono nella colonna di sinistra. Inoltre, è possibile impostare una nuova immagine come header predefinito selezionandola. Si può anche scegliere di visualizzare le header in modo casuale. Quando si è soddisfatti della selezione, fare clic sul pulsante **Pubblica**.

Applicare

Andare a **Bacheca > Pages**. Fare clic sulla pagina desiderata. Nella sezione **Header** in fondo alla pagina, selezionare l'header corrispondente.

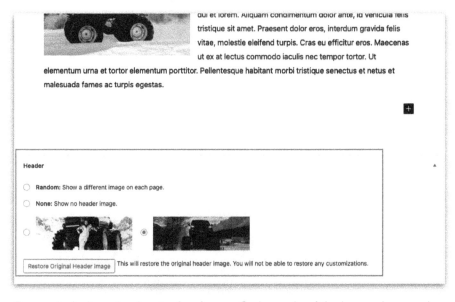

Fare quindi clic sul pulsante **Aggiorna**. Se la pagina è inclusa nel menu, la nuova header verrà visualizzata quando un visitatore farà clic su di essa.

BACKUP

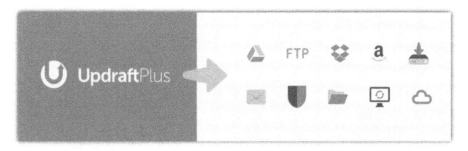

Sebbene gli host web offrano in genere backup regolari del sito web, se preferite non affidarvi esclusivamente a questo, potete utilizzare il plugin **UpdraftPlus WordPress Backup**. Con questo plugin, potete creare facilmente e rapidamente backup alle vostre condizioni e, se necessario, tornare alle versioni precedenti salvate.

Utilizzando le impostazioni del plugin, avete la possibilità di scegliere dove archiviare i vostri backup, se nel cloud o sul vostro computer.

Installare

1. Andare a **Bacheca > Plugin > Aggiungi un nuovo plugin**.
2. Nel campo di ricerca, digitare *UpdraftPlus WordPress Backup*.
3. **Installare** e **attivare** il plugin.

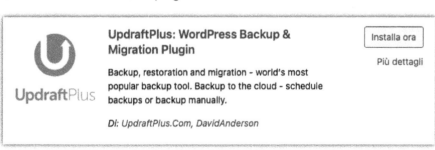

Utilizzo

Andare a **Bacheca > Impostazioni > Backup di UpdraftPlus**.

Per eseguire un backup manuale, fare clic sul **Esegui il backup adesso**.

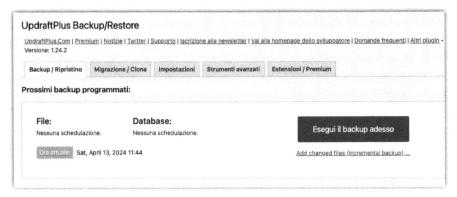

Verrà visualizzata una finestra pop-up che indica che è in corso un backup del database e dei file di WordPress. È possibile scegliere di impostare l'eliminazione manuale per questo backup.

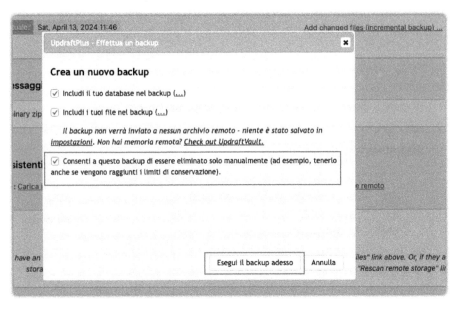

Fare clic sul **Esegui il backup adesso** per avviare il processo di backup.

Il backup è ora salvato. Se si desidera ripristinare una versione precedente, è sufficiente utilizzare il pulsante **Ripristina**

Se si preferisce salvare il backup in locale o nel cloud, andare alla scheda **Impostazioni**. Qui è possibile specificare la posizione del prossimo backup.

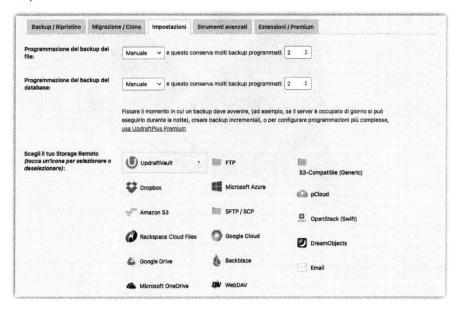

Si noti che la versione gratuita supporta solo i backup manuali. Per i backup automatici e le funzioni aggiuntive, si può prendere in considerazione l'aggiornamento alla versione Premium. Per ulteriori informazioni, visitare: *https://updraftplus.com*.

SITO SICURO

WordPress è generalmente una piattaforma sicura e ampiamente testata. Tuttavia, occasionalmente possono verificarsi episodi di hacking, spesso causati da problemi di sicurezza degli host web, da vulnerabilità dei plugin, da credenziali di accesso deboli o da versioni di WordPress non aggiornate.

Per migliorare la sicurezza del vostro sito, potete utilizzare **Solid Security**, un plugin progettato per risolvere potenziali falle di sicurezza, ostacolare gli attacchi automatici e rafforzare il processo di login.

Installare

1. Andare a **Bacheca > Plugin > Aggiungi un nuovo plugin**.
2. Nel campo di ricerca, digitare *Solid Security*.
3. **Installare** e **attivare** il plugin.

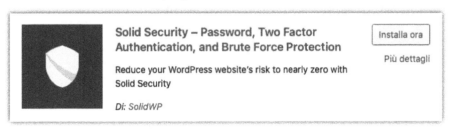

Andare a **Bacheca > Security**. Seguite il processo di configurazione per proteggere il vostro sito. Scegliete le opzioni più adatte alle esigenze del vostro sito.

Rispondete ad alcune domande per attivare le principali funzioni di sicurezza personalizzate per il vostro sito. Una volta configurato, verrà visualizzata una panoramica delle impostazioni di sicurezza.

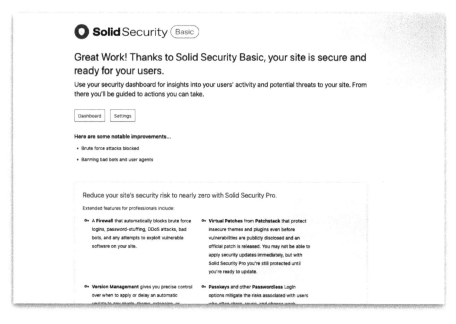

Andare a **Bacheca > Security > Setup** per esplorare altre funzioni.

In **Features > Firewall**, attivare **Network Brute Force Protection**.

Utilizzate il pulsante **Help** per ulteriori spiegazioni sull'uso delle funzioni di sicurezza.

Per attivare funzioni specifiche, fare clic sul pulsante **Enable** (Abilita) e configurare le opzioni come necessario.

Se avete bisogno di funzioni di sicurezza avanzate, prendete in considerazione l'aggiornamento alla versione Pro del plugin. La versione Pro offre misure di sicurezza e assistenza complete. Il prezzo parte da 99 dollari.

Per ulteriori informazioni, visitare il sito: *https://solidwp.com/security*.

MIGRAZIONE DI UN SITO LOCA-LE A INTERNET

Se avete costruito un sito WordPress su un server web locale come LO-CAL o MAMP e ora volete portarlo online, il plugin **All-in-One WP Migration** può aiutarvi a spostare il vostro sito senza problemi.

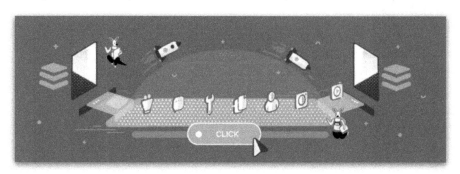

In questa guida, vedremo come **esportare** un sito WordPress locale e poi **importarlo** in un sito WordPress online. Questo metodo funziona anche al contrario. È importante notare che il file utilizzato per l'esportazione del sito serve anche come backup del sito.

Installare

1. Andare a **Bacheca > Plugin > Aggiungi un nuovo plugin**.
2. Nel campo di ricerca, digitare *All-in-One WP Migration*.
3. **Installare** e **attivare** il plugin.

All-in-One WP Migration   Installa ora

Sposta, trasferisci, copia, migra e crea il backup di un   Più dettagli
sito con un clic. Veloce, facile ed affidabile.

Di: ServMask

Esportazione del sito

1. Andare a **Bacheca > All-in-One WP Migration**.
   Fare clic su **Esporta su** e scegliere l'opzione **File**.

2. Attendere che il sistema esegua la scansione del sito.

3. Una volta effettuata la scansione, fare clic sul pulsante verde **DOWN-LOAD**.

4. Il file di esportazione con estensione **.wpress** sarà disponibile nella cartella Download.

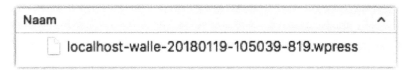

Importare il sito

1. Accedere alla propria piattaforma di hosting web (ad esempio, IONOS) e installare un nuovo sito WordPress utilizzando il programma di installazione delle applicazioni.

2. Installare e attivare il plugin **All-in-One WP Migration** sul nuovo sito WordPress.

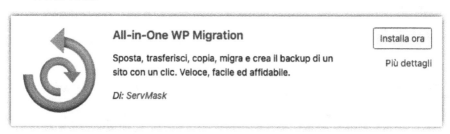

3. Andare a **Bacheca > All-in-One WP Migration > Importa**.
4. Fare clic su **IMPORTA DA** e selezionare l'opzione **File**.
   Scegliere il file **.wpress** o trascinarlo nella casella di caricamento.

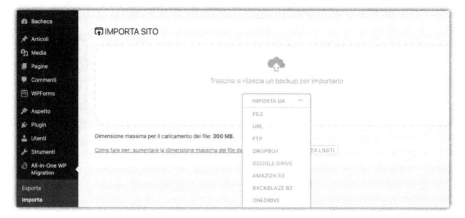

> Suggerimento: se il sito è troppo grande per essere importato diretta-
> mente, è possibile installare il plugin **All-in-One WP Migration Import**.
> Potete scaricare questo plugin aggiuntivo da: https://import.wp-migrati-
> on.com.

5. Il processo di installazione è in corso.

6. Una volta importato, verrà visualizzato un messaggio. Fare clic su **Pro-
   cedi** per continuare.

7. Il vostro sito (dati) è stato importato con successo!

8. Seguire le eventuali istruzioni aggiuntive fornite.

9. **Nota!** Utilizzare le credenziali di accesso del sito importato.

10. Andare a **Bacheca > Impostazioni > Permalinks**. Scegliere l'impostazione **Nome articolo**.

Username or Email Address

Password

👁

☐ Remember Me   Log in

Impostazioni permalink

WordPress ti offre la possibilità di creare una struttura di URL personalizzati per i tuoi permalink e i tuoi archivi. Le strutture di URL personalizzate possono m futuro. Un certo numero di tag è disponibile e qui ci sono alcuni esempi per iniziare.

Impostazioni comuni

Scegli la struttura dei permalink per il tuo sito. Includere il tag %postname% rende i link facili da capire, e può aiutare i tuoi articoli ad essere posizionati più

Struttura dei permalink	
○ Semplice	http://basics-it.local/?p=123
○ Data e nome	http://basics-it.local/2024/04/14/articolo-di-esempio/
○ Mese e nome	http://basics-it.local/2024/04/articolo-di-esempio/
○ Numerico	http://basics-it.local/archives/123
◉ Nome articolo	http://basics-it.local/articolo-di-esempio/
○ Struttura personalizzata	http://basics-it.local /%postname%/

Tag disponibili:

%year% %monthnum% %day% %hour% %minute% %second% %post_id% %postname%

11. Fare clic sul pulsante **Salva le modifiche**.

Congratulazioni! Il vostro sito WordPress è stato importato con successo.

Ricordatevi di esportare regolarmente un file **.wpress** dopo aver apportato modifiche o aggiornamenti, in modo da poterlo utilizzare come backup del vostro sito.

SEARCH ENGINE OPTIMIZATION

Search Engine Optimization (SEO) è fondamentale per garantire che il vostro sito web sia facilmente individuabile dai motori di ricerca.
Uno dei più popolari plugin SEO disponibili è **Yoast SEO**.

Installare

1. Andare a **Bacheca > Plugin > Aggiungi un nuovo plugin**.
2. Nel campo di ricerca, digitare *Yoast SEO*.
3. **Installare** e **attivare** il plugin.

Yoast SEO

Migliora la tua SEO WordPress: Scrivi contenuti migliori ed ottieni un sito WordPress completamente ottimizzato usando il plugin Yoast SEO.

Di: Team Yoast

Installa ora

Più dettagli

Utilizzo

Dopo l'attivazione, Yoast SEO fornisce numerose opzioni per migliorare la SEO del sito. Per una guida dettagliata, consultate la guida online fornita dal creatore: *https://yoast.com/wordpress-seo*.

Permalinks

Per personalizzare i permalink, andare in **Bacheca > Impostazioni > Permalink** e selezionare l'opzione **Nome articolo** (Post name).

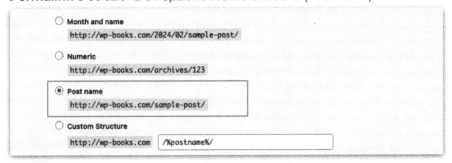

WWW o non WWW

www.site.com e **site.com** sono due URL diversi anche per Google. Come si fa a sapere se il vostro sito web usa il www o non lo usa? Digitate l'indirizzo senza il www davanti. Se il sito viene caricato con www nella barra degli indirizzi, scegliete un indirizzo URL con www. Se non avete www nell'indirizzo e volete averlo, contattate il vostro host web.

Andare a **Bacheca > Impostazioni > Generali**.

In WordPress e Indirizzo del sito (URL) si vedrà se si utilizza il www o meno.

General Settings

Site Title	Carpe Diem
Tagline	
	In a few words, explain what this site is about. Example: "Just another WordPress site."
WordPress Address (URL)	https://wp-books.com
Site Address (URL)	https://wp-books.com
	Enter the same address here unless you want your site home page to be different from your WordPre

Regole SEO

Prima di procedere, è bene conoscere le regole SEO. Se si seguono queste regole, si aumentano le possibilità che il sito web venga indicizzato correttamente dai motori di ricerca. Tuttavia, un plugin non può garantire questo risultato, ma solo che i contenuti soddisfino determinati criteri.

Titolo e pagine del sito web

I titoli del sito e delle pagine sono elementi importanti. Vengono visualizzati nella parte superiore del browser e come testo di collegamento in Google.

> 🔵 https://wp-books.com › wordpress › basics
>
> **WordPress Basics - WP Books**
>
> This book describes how to install and configure a WordPress site. You will be introduced to the Dashboard (management environment). Then you will create content with Posts and Pages. Furthermore, you will learn how to create a Navigation and Social menu. And how to install and...
>
> | WordPress Advanced | WordPress |
> |---|---|
> | Binding: Paperback Distribution Form: Book (print, print) Size: 145mm x 210m... | WordPress - WordPress Basics - WP Books |

▸ I titoli possono contenere un massimo di 65 caratteri (spazi inclusi).

▸ Includere un invito all'azione o porre una domanda.

▸ Posizionate la parola chiave più importante all'inizio.

Meta descrizione

Un altro elemento importante è la descrizione del sito e delle pagine sottostanti. pagine sottostanti. Viene visualizzata da Google sotto il titolo.

▸ Breve descrizione del sito/pagina.

▸ La descrizione può contenere 150 caratteri (spazi inclusi).

▸ Puntare a un aumento del tasso di clic (CTR).

▸ Utilizzare parole chiave.

▸ Non sono necessarie frasi complete.

Meta keywords

Limitate la vostra selezione a 10 parole chiave o combinazioni di parole chiave. Sebbene Google ignori le meta-parole chiave, gli altri motori di ricerca ne tengono conto.

Utilizzo

Evitate di utilizzare l'installazione guidata; fate clic su **Salta**.

Successivamente, andare su **Bacheca > Yoast SEO > Generale**. Nella schermata, vedrete due schede **Bacheca** e **Configurazione iniziale**.

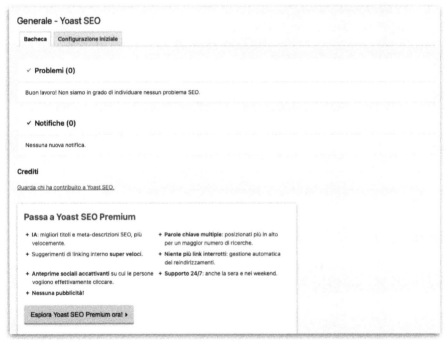

In questo libro utilizzeremo le impostazioni predefinite.

Se volete utilizzare le impostazioni avanzate, andate su **Bacheca > Yoast SEO > Impostazioni**. Lì troverete maggiori informazioni sulle diverse funzioni.

Utilizzando l'icona **?** (in basso a destra) è possibile trovare ulteriori informazioni sulle varie impostazioni.

Pagine e Articolo

Andate in **Bacheca > Pagine** e selezionate la **Home page**. In fondo, troverete Yoast SEO, dove potrete modificare informazioni come **titolo**, **descrizione** e **parole chiave**.

Utilizzare **Anteprima** per visualizzare il risultato.

Regolare il **titolo** e la **meta descrizione** SEO, indicati da una barra di colore che riflette la conformità SEO.

Inserite le parole chiave nella sezione **Frase chiave** per migliorare la ricercabilità. Utilizzate **l'analisi SEO** per ottenere informazioni sull'ottimizzazione delle parole chiave.

Nella sezione **Avanzate**, specificare se la pagina deve essere tracciata dai motori di ricerca.

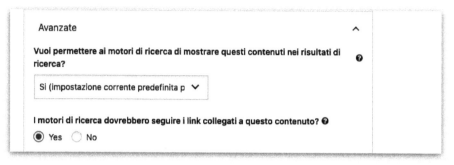

Indicare le sezioni importanti impostando le pagine come "da non seguire".

Fare clic sulla scheda **Leggibilità** per ottenere suggerimenti su come migliorare la leggibilità delle pagine.

Dopo aver inserito le informazioni SEO, fare clic sul pulsante **Aggiorna**.

Un semaforo verde indica la conformità alle regole SEO; se è rosso, rivedete le istruzioni.

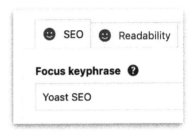

Altri suggerimenti SEO

> ▹ Presentare il proprio sito web ai motori di ricerca, ad esempio *http://www.google.nl/intl/nl/add_url.html*.
> ▹ Aumentare i backlink da altri siti web per migliorare la visibilità.
> ▹ I backlink da siti web di alto livello migliorano il vostro pagerank.
> ▹ Creare un elenco di parole chiave pertinenti per i titoli e i sottotitoli, evitando un uso eccessivo.
> ▹ Incorporate le parole chiave pertinenti nel testo del sito web, utilizzando l'header 2 per i sottotitoli.
> ▹ Utilizzate contenuti testuali invece di testi di immagini.
> ▹ Assegnate alle immagini nomi chiari per migliorare la SEO.
> ▹ Garantire la velocità di caricamento del sito web: *http://developers.-google.com/speed/pagespeed/insights*.

Il plugin Yoast SEO migliora l'indicizzazione del sito, ma non garantisce il posizionamento ai primi posti. Non affidatevi esclusivamente al semaforo, ma concentratevi su contenuti di qualità. Per una maggiore visibilità, prendete in considerazione Google Ads.

PRIVACY E COOKIES

Se raccogliete i dati degli utenti sul vostro sito web, siete legalmente obbligati a rivelarli ai sensi della legge europea sulla privacy, nota come *Garante per la protezione dei dati personali* (GDPR). Il **GDPR** definisce le norme per il trattamento dei dati degli utenti.

Per conformarsi ai requisiti del GDPR, è essenziale includere una **Dichiarazione sulla privacy** nel vostro sito web. Questa dichiarazione informa i visitatori sulle pratiche di raccolta dei dati e chiede il loro consenso all'inserimento dei cookie.

Dopo l'installazione di WordPress, viene creata una bozza di pagina intitolata **Privacy Policy**. Questa pagina funge da modello ed è parzialmente completata, pronta per l'uso.

Per garantire la conformità agli standard del GDPR, è consigliabile esaminare i siti web dei concorrenti per comprendere i contenuti tipici delle informative sulla privacy. In generale, un'informativa sulla privacy dovrebbe coprire i seguenti punti:

▸ Scopo della raccolta dei dati (ad esempio, per l'invio di newsletter).
▸ Tipi di dati raccolti (ad esempio, indirizzi e-mail).
▸ Custode dei dati.
▸ Stato di pubblicazione dei dati.
▸ Soggetti che hanno accesso ai dati (ad esempio, Google o Facebook).
▸ Periodo di conservazione dei dati.
▸ Misure di sicurezza dei dati (ad es. certificato SSL).
▸ Procedure per la cancellazione dei dati su richiesta.

Per utilizzare la pagina predefinita dell'informativa sulla privacy fornita da WordPress:

Accedere a **Bacheca > Impostazioni > Privacy**.

Fare clic sulla scheda **Guida alle policy**.

Copiare la sezione fornita negli appunti.

Andare in **Bacheca > Pagine** e selezionare la pagina **Privacy Policy**.

Sostituire il testo con il contenuto copiato e aggiungere eventuali informazioni aggiuntive. Assicurarsi che la pagina sia pubblicata.

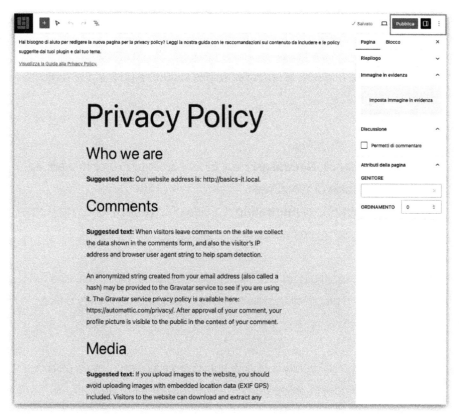

Inserite un link alla pagina dell'Informativa sulla privacy nel menu, nel footer o nella barra laterale del vostro sito web.

Plugin GDPR

Con un plugin GDPR, è possibile informare i visitatori e chiedere loro il permesso di inserire i cookie. È anche possibile includere un link a una dichiarazione sulla privacy.

Esistono due tipi di cookie:

1. **Cookie** funzionali: **Necessari** per il funzionamento di un sito web, ad esempio i cookie di WordPress.
2. **Cookie analitici** e di **marketing**: Cookie di terze parti forniti da piattaforme come Google o Facebook.

Suggerimento: molti plugin GDPR includono scanner di cookie, che funzionano insieme a plugin di tracciamento come Google Analytics o Facebook pixel.

Se non siete sicuri dei cookie utilizzati sul vostro sito web, potete utilizzare un verificatore di cookie online come : *www.cookiemetrix.com*.

Installare

1. Andare a **Bacheca > Plugin > Aggiungi un nuovo plugin**.
2. Nel campo di ricerca, digitare *Complianz - GDPR/CCPA Cookie*.
3. **Installare** e **attivare** il plugin.

Complianz | GDPR/CCPA Cookie Consent

Configure your Cookie Banner, Cookie Consent and Cookie Policy with our Wizard and Cookie Scan.

Di: Really Simple Plugins

Installa ora

Più dettagli

Utilizzo

Andare a **Bacheca > Complianz > Procedura guidata**.

Seguite i passaggi per configurare il sito web. In **Generale > Visitatori**, specificare la legge sulla privacy che si desidera rispettare.

Ci sono alcuni elementi che possono aiutare durante la configurazione:

▸ Per ulteriori informazioni, utilizzare i punti interrogativi.

▸ Le notifiche importanti sono visualizzate nella colonna di destra.

▸ È possibile inviare un ticket di assistenza.

In **Generale > Documenti**, specificare le pagine utilizzate per l'Informativa sui cookie, l'Informativa sulla privacy e l'Esclusione di responsabilità.

In **Consenso > Scansione sito**, scansionare il sito alla ricerca di cookie. La scansione si ripete mensilmente per mantenere il sito aggiornato.

In **Consenso > Statistics**, indicare se si utilizza Google Analytics e inserire **l'ID di tracciamento**.

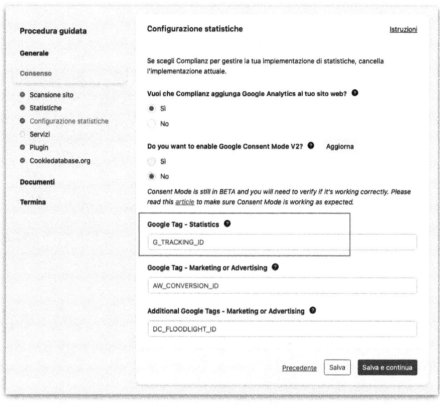

Per ulteriori informazioni, visitare il sito: *complianz.io/docs*.

Cookie banner design

Andare a **Bacheca > Complianz > Banner di consenso**.

Progettare il banner in questa sezione.

In **General**, disattivare il banner e gestire il titolo, oltre ad altre impostazioni.

Nella schermata in basso a destra viene visualizzata un'anteprima.

In **Aspetto**, specificare la posizione e le altre impostazioni visive.

In **Colori**, regolare il colore e lo stile.

Sotto **Testi**, personalizzare il testo e il messaggio.

Alla voce **CSS personalizzato** è possibile aggiungere ulteriore codice CSS.

SSL - SITO SICURO

I browser Internet avvertono i visitatori se un sito web non dispone di un **certificato SSL**. La barra degli indirizzi visualizza Non sicuro. Dopo l'installazione di WordPress, il vostro sito web non dispone ancora di un certificato SSL. SSL sta per **S**ecure **S**ockets **L**ayer, che crea una connessione crittografata tra il server e il visitatore.

Con http**s**:// nella barra degli indirizzi e **l'icona di un lucchetto**, si sa che il sito web è sicuro. È possibile ottenere un certificato SSL acquistandone uno o utilizzando un certificato gratuito di Let's Encrypt.

L'attivazione dell'SSL richiede in genere l'assistenza del provider di hosting. In questo esempio, illustreremo il processo utilizzando l'hosting web di IONOS. Tuttavia, se si utilizza un altro provider di hosting, potrebbe essere necessario seguire una procedura diversa.

1. Accedere a **IONOS** e navigare in **Domains & SSL**.

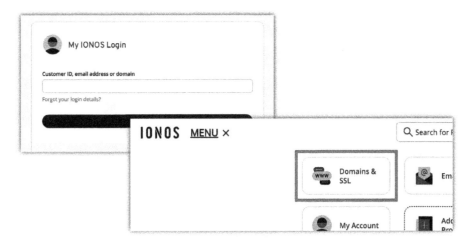

2. Fare clic **sull'icona del lucchetto** rosso accanto al dominio che si desidera proteggere.

3. Selezionate un certificato, ad esempio **Free SSL Starter Wildcard**, e fate clic su **Activate Now**.

4. Scegliere il **dominio** per il quale emettere il certificato SSL.

5. Nel menu a discesa **Change Usage**, selezionare **Use with my IONOS website**.

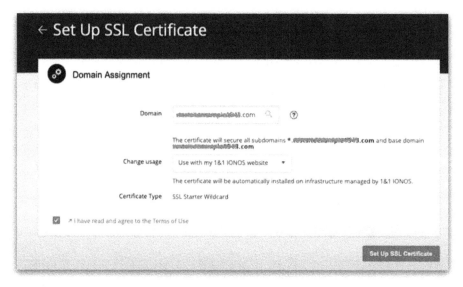

6. Se necessario, verificate e modificate i dati della vostra azienda.

7. Leggere e accettare le condizioni di utilizzo selezionando la casella di controllo, quindi fare clic su **Set Up SSL Certificate**.

Attivare l'SSL in Wordpress

Dopo aver collegato il certificato SSL a un nome di dominio, WordPress ne rileva automaticamente la disponibilità.

Per attivare l'SSL da WordPress:

Andare a **Bacheca > Strumenti > Salute del sito**.

Se il sito web non utilizza l'HTTPS, fare clic sul pulsante **Aggiorna il sito per utilizzare l'HTTPS**.

Esaminare il sito web e la barra degli indirizzi.

Se l'aggiornamento non funziona o se si sta utilizzando una versione precedente, è possibile utilizzare il pulsante *Really Simple SSL* plugin.

Attivare l'SSL con un plugin

Installare e **attivare** il plugin *Really Simple SSL*.

Per attivare l'SSL andare su **Bacheca > Impostazioni > SSL & Security**.
Quindi fare clic su **Attiva SSL**! Esaminate il vostro sito web.

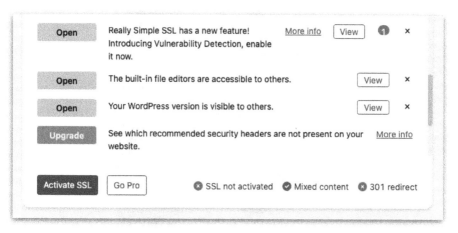

Al termine, nella barra degli indirizzi del browser verrà visualizzata l'icona di un lucchetto.

DIVERTIRSI CON WORDPRESS

Congratulazioni per aver completato questo libro e aver acquisito le competenze necessarie per configurare e gestire un sito WordPress! Avete affrontato molti argomenti, dalla creazione di un ambiente di sviluppo locale alla configurazione di WordPress, alla personalizzazione dei temi, all'aggiunta di contenuti e al miglioramento delle funzionalità con i plugin.

Esplorando sia il front-end che il back-end di WordPress, avete acquisito una comprensione completa del funzionamento della piattaforma. Avete anche appreso aspetti importanti come la sicurezza, la privacy, i backup e l'ottimizzazione per i motori di ricerca, che sono essenziali per mantenere un sito web di successo.

Ricordate che WordPress è uno strumento potente con infinite possibilità. Continuate a sperimentare, imparare ed esplorare nuove funzionalità e tecniche per sfruttare al meglio la vostra esperienza con WordPress.

Se avete bisogno di assistenza o avete domande da porre durante il percorso, risorse come il sito ufficiale di WordPress (wordpress.org) e i suoi forum di supporto sono fonti preziose di informazioni.

Ora, andate avanti e divertitevi con WordPress! Lasciate fluire la vostra creatività e create siti web straordinari che abbiano un impatto online.

Informazioni su WordPress:
wordpress.org
wordpress.org/support

SULLO SCRITTORE

Roy Sahupala, specialista multimediale

" *Specialista multimediale è solo un titolo. Oltre a creare prodotti multimediali, da oltre 23 anni impartisco corsi di formazione sul web design e continuo ad amare quando le persone si entusiasmano perché sono in grado di fare molto di più in poco tempo di quanto pensassero prima* "

Dopo aver studiato design industriale, Roy si è formato come specialista multimediale. Ha poi acquisito esperienza presso diverse agenzie multimediali. Nel 2000 ha fondato la sua società, WJAC (With Jazz and Conversations), specializzata nella creazione di prodotti multimediali per vari clienti e agenzie pubblicitarie.

Dal 2001, oltre al suo lavoro, Roy è attivo anche come istruttore e ha organizzato diversi corsi di formazione in web design in collaborazione con istituti scolastici.

Libri WordPress scritti da Roy Sahupala:

Esplora i libri di WordPress su *wp-books.com*.